書名：算命一讀通——鴻福齊天
系列：心一堂術數珍本古籍叢刊 星命類
作者：〔民國〕不空居士、覺先居士合纂

主編、責任編輯：陳劍聰
心一堂術數珍本古籍叢刊編校小組：陳劍聰 素聞 梁松盛 鄒偉才 虛白盧主

出版：心一堂有限公司
地址／門市：香港九龍尖沙咀東麼地道六十三號好時中心LG 六十一室
電話號碼：+852-6715-0840
網址：www.sunyata.cc
電郵：sunyatabook@gmail.com
網上書店：http://book.sunyata.cc
網上論壇：http://bbs.sunyata.cc/

版次：二零一三年九月初版
平裝

定價：港幣 一百五十元正
人民幣 一百五十元正
新台幣 四百八十元正

國際書號：ISBN 978-988-8266-06-7

香港及海外發行：香港聯合書刊物流有限公司
地址：香港新界大埔汀麗路三十六號中華商務印刷大廈三樓
電話號碼：+852-2150-2100
傳真號碼：+852-2407-3062
電郵：info@suplogistics.com.hk

台灣發行：秀威資訊科技股份有限公司
地址：台灣台北市內湖區瑞光路七十六巷六十五號一樓
電話號碼：+886-2-2796-3638
傳真號碼：+886-2-2796-1377
網路書店：www.govbooks.com.tw
www.bodbooks.com.tw
經銷：易可數位行銷股份有限公司
地址：台灣新北市新店區寶橋路二三五巷六弄三號五樓
電話號碼：+886-2-8911-0825
傳真號碼：+886-2-8911-0801
email：book-info@ecorebooks.com
易可部落格：http://ecorebooks.pixnet.net/blog

中國大陸發行・零售：心一堂書店
深圳地址：中國深圳羅湖立新路六號東門博雅負一層零零八號
電話號碼：+86-755-8222-4934
北京地址：中國北京東城區雍和宮大街四十號
心一店淘寶網：http://sunyatacc.taobao.com

心一堂術數古籍珍本叢刊 總序

術數定義

術數，大概可謂以「推算、推演人（個人、群體、國家等）、事、物、自然現象、時間、空間方位等規律及氣數，並或通過種種『方術』，從而達致趨吉避凶或某種特定目的」之知識體系和方法。

術數類別

我國術數的內容類別，歷代不盡相同，例如《漢書・藝文志》中載，漢代術數有六類：天文、曆譜、無行、蓍龜、雜占、形法。至清代《四庫全書》，術數類則有：數學、占候、相宅相墓、占卜、命書、相書、陰陽五行、雜技術等，其他如《後漢書・方術部》、《藝文類聚・方術部》、《太平御覽・方術部》等，對於術數的分類，皆有差異。古代多把天文、曆譜、及部份數學均歸入術數類，而民間流行亦視傳統醫學作為術數的一環；此外，有些術數與宗教中的方術亦往往難以分開。現代學界則常將各種術數歸納為五大類別：命、卜、相、醫、山，通稱「五術」。

本叢刊在《四庫全書》的分類基礎上，將術數分為九大類別：占筮、星命、相術、堪輿、選擇、三式、讖緯、理數（陰陽五行）、雜術。而未收天文、曆譜、算術、宗教方術、醫學。

術數思想與發展——從術到學，乃至合道

我國術數是由上古的占星、卜蓍、形法等術發展下來的。其中卜蓍之術，是歷經夏商周三代而通過「龜卜、蓍筮」得出卜（卦）辭的一種預測（吉凶成敗）術，之後歸納並結集成書，此即現傳之《易經》。經過春秋戰國至秦漢之際，受到當時諸子百家的影響、儒家的推崇，遂有《易傳》等的出現，原本是卜蓍術書的《易經》，被提升及解讀成有包涵「天地之道（理）」之學。因此，《易・繫辭傳》曰：「易與天地準，故能彌綸天地之道。」

漢代以後，易學中的陰陽學說，與五行、九宮、干支、氣運、災變、律曆、卦氣、讖緯、天人感應說等相結

合，形成易學中象數系統。而其他原與《易經》本來沒有關係的術數，如占星、形法、選擇，亦漸漸以易理（象數學說）為依歸。《四庫全書・易類小序》云：「術數之興，多在秦漢以後。要其旨，不出乎陰陽五行，生尅制化。實皆《易》之支派，傅以雜說耳。」至此，術數可謂已由「術」發展成「學」。

及至宋代，術數理論與理學中的河圖洛書、太極圖、邵雍先天之學及皇極經世等學說給合，通過術數以演繹理學中「天地中有一太極，萬物中各有一太極」（《朱子語類》）的思想。術數理論不單已發展至十分成熟，而且也從其學理中衍生一些新的方法或理論，如《梅花易數》、《河洛理數》等。

在傳統上，術數功能往往不止於僅僅作為趨吉避凶的方術，及「能彌綸天地之道」的學問，亦有其「修心養性」的功能，「與道合一」（修道）的內涵。《素問・上古天真論》：「上古之人，其知道者，法於陰陽，和於術數。」數之意義，不單是外在的算數、歷數、氣數，而是與理學中同等的「道」、「理」—心性的功能，北宋理氣家邵雍對此多有發揮：「聖人之心，是亦數也」、「萬化萬事生乎心」、「心為太極」。《觀物外篇》：「先天之學，心法也。⋯蓋天地萬物之理，盡在其中矣，心一而不分，則能應萬物。」反過來說，宋代的術數理論，受到當時理學、佛道及宋易影響，認為心性本質上是等同天地之太極。天地萬物氣數規律，能通過內觀自心而有所感知，即是內心也已具備有術數的推演及預測、感知能力；相傳是邵雍所創之《梅花易數》，便是在這樣的背景下誕生。

《易・文言傳》已有「積善之家，必有餘慶；積不善之家，必有餘殃」之說，至漢代流行的災變說及讖緯說，我國數千年來都認為天災，異常天象（自然現象），皆與一國或一地的施政者失德有關；下至家族、個人之盛衰，也都與一族一人之德行修養有關。因此，我國術數中除了吉凶盛衰理數之外，人心的德行修養，也是趨吉避凶的一個關鍵因素。

術數與宗教、修道

在這種思想之下，我國術數不單只是附屬於巫術或宗教行為的方術，又往往已是一種宗教的修煉手段—通過術數，以知陰陽，乃至合陰陽（道）。「其知道者，法於陰陽，和於術數。」例如，「奇門遁甲」術中，即分為「術奇門」與「法奇門」兩大類。「法奇門」中有大量道教中符籙、手印、存想、內煉的內容，是道教內丹外法的一種重要外法修煉體系。甚至在雷法一系的修煉上，亦大量應用了術數內容。此外，相術、堪輿術中也有修煉望氣色的方法；堪輿家除了選擇陰陽宅之吉凶外，也有道教中選擇適合修道環境（法、財、侶、地中的地）的方法，以至通過堪輿術觀察天地山川陰陽之氣，亦成為領悟陰陽金丹大道的一途。

易學體系以外的術數與的少數民族的術數

我國術數中，也有不用或不全用易理作為其理論依據的，如楊雄的《太玄》、司馬光的《潛虛》。也有一些占卜法、雜術不屬於《易經》系統，不過對後世影響較少而已。

外來宗教及少數民族中也有不少雖受漢文化影響（如陰陽、五行、二十八宿等學說）但仍自成系統的術數，如古代的西夏、突厥、吐魯番等占卜及星占術，藏族中有多種藏傳佛教占卜術、苯教占卜術、擇吉術、推命術、相術等；北方少數民族有薩滿教占卜術；不少少數民族如水族、白族、布朗族、佤族、彝族、苗族等，皆有占雞（卦）草卜、雞蛋卜等術，納西族的占星術、占卜術，彝族畢摩的推命術、占卜術…等等，都是屬於《易經》體系以外的術數。相對上，外國傳入的術數以及其理論，對我國術數影響更大。

曆法、推步術與外來術數的影響

我國的術數與曆法的關係非常緊密。早期的術數中，很多是利用星宿或星宿組合的位置（如某星在某州或某宮某度）付予某種吉凶意義，并據之以推演，例如歲星（木星）、月將（某月太陽所躔之宮次）等。不過，由於不同的古代曆法推步的誤差及歲差的問題，若干年後，其術數所用之星辰的位置，已與真實星辰的位置不一樣了；此如歲星（木星），早期的曆法及術數以十二年為一周期（以應地支），與木星真實周期十一點八六年，每幾十年便錯一宮。後來術家又設一「太歲」的假想星體來解決，是歲星運行的相反，週期亦剛好是十二年。而術數中的神煞，很多即是根據太歲的位置而定。又如六壬術中的「月將」，原是立春節氣後太陽躔娵訾之次而稱作「登明亥將」，至宋代，因歲差的關係，要到雨水節氣後太陽才躔娵訾之次，當時沈括提出了修正，但明清時六壬術中「月將」仍然沿用宋代沈括修正的起法沒有再修正。

由於以真實星象周期的推步術是非常繁複，而且古代星象推步術本身亦有不少誤差，大多數術數除依曆書保留了太陽（節氣）、太陰（月相）的簡單宮次計算外，漸漸形成根據干支、日月等的各自起例，以起出其他具有不同含義的眾多假想星象及神煞系統。唐宋以後，我國絕大部份術數都主要沿用這一系統，也出現了不少完全脫離真實星象的術數，如《子平術》、《紫微斗數》、《鐵版神數》等。後來就連一些利用真實星辰位置的術數，如《七政四餘術》及選擇法中的《天星選擇》，也已與假想星象及神煞混合而使用了。

隨着古代外國曆（推步）、術數的傳入，如唐代傳入的印度曆法及術數，元代傳入的回回曆等，其中我國占星術便吸收了印度占星術中羅睺星、計都星等而形成四餘星，又通過阿拉伯占星術而吸收了其中來自希臘、巴比倫占星術的黃道十二宮、四元素學說（地、水、火、風），並與我國傳統的二十八宿、五行說、神煞系統並存而形成《七政四餘術》。此外，一些術數中的北斗星名，不用我國傳統的星名：天樞、天璿、天璣、天權、玉衡、開陽、搖光，而是使用來自印度梵文所譯的：貪狼、巨門、祿存、文曲，廉貞、武曲，破軍等，此明顯是受到唐代從印度傳入的曆法及占星術所影響。如星命術的《紫微斗數》及堪輿術的《撼龍經》等文獻中，其星皆用印度譯名。及至清初《時憲曆》，置潤之法則改用西法「定氣」。清代以後的術數，又作過不少的調整。

術數在古代社會及外國的影響

術數在古代社會中一直扮演着一個非常重要的角色，影響層面不單只是某一階層、某一職業、某一年齡的人，而是上自帝王，下至普通百姓，從出生到死亡，不論是生活上的小事如洗髮、出行等，大事如建房、入伙、出兵等，從個人、家族以至國家，從天文、氣象、地理到人事、軍事，從民俗、學術到宗教，都離不開術數的應用。如古代政府的中欽天監（司天監），除了負責天文、曆法、輿地之外，亦精通其他如星占、選擇、堪輿等術數，除在皇室人員及朝庭中應用外，也定期頒行日書、修定術數，使民間對於天文、日曆用事吉凶及使用其他術數時，有所依從。

在古代，我國的漢族術數，甚至影響遍及西夏、突厥、吐蕃、阿拉伯、印度、東南亞諸國、朝鮮、日本、越南等地，其中朝鮮、日本、越南等國，一至到了民國時期，仍然沿用着我國的多種術數。

術數研究

術數在我國古代社會雖然影響深遠，「是傳統中國理念中的一門科學，從傳統的陰陽、五行、九宮、八卦、河圖、洛書等觀念作大自然的研究。……傳統中國的天文學、數學、煉丹術等，要到上世紀中葉始受世界學者肯定。可是，術數還未受到應得的注意。術數在傳統中國科技史、思想史，文化史、社會史，甚至軍事史都有一定的影響。……更進一步了解術數，我們將更能了解中國歷史的全貌。」（何丙郁《術數、天文與醫學 中國科技史的新視野》，香港城市大學中國文化中心。）

可是術數至今一直不受正統學界所重視，加上術家藏秘自珍，又揚言天機不可洩漏，「（術數）乃吾國科學與哲學融貫而成一種學說，數千年來傳衍嬗變，或隱或現，全賴一二有心人為之繼續維繫，賴以不絕，其中確有學術上研究之價值，非徒癡人說夢，荒誕不經之謂也。其所以至今不能在科學中成立一種地位者，實有數困。蓋古代士大夫階級目醫卜星相為九流之學，多恥道之；而發明諸大師又故為惝恍迷離之辭，以待後人探索；間有一二賢者有所發明，亦秘莫如深，既恐洩天地之秘，複恐譏為旁門左道，始終不肯公開研究，成立一有系統說明之書籍，貽之後世。故居今日而欲研究此種學術，實一極困難之事。」（民國徐樂吾《子平真詮評註》，方重審序）

現存的術數古籍，除極少數是唐、宋、元的版本外，絕大多數是明、清兩代的版本。其內容也主要是明、清兩代流行的術數，唐宋以前的術數及其書籍，大部份均已失傳，只能從史料記載、出土文獻、敦煌遺書中稍窺一鱗半爪。

術數版本

坊間術數古籍版本，大多是晚清書坊之翻刻本及民國書賈之重排本，其中豕亥魚魯，或而任意增刪，往往文意全非，以至不能卒讀。現今不論是術數愛好者，還是民俗、史學、社會、文化、版本等學術研究者，要想得一常見術數書籍的善本、原版，已經非常困難，更遑論稿本、鈔本、孤本。在文獻不足及缺乏善本的情況下，要想對術數的源流、理法、及其影響，作全面深入的研究，幾不可能。

有見及此，本叢刊編校小組經多年努力及多方協助，在中國、韓國、日本等地區搜羅了一九四九年以前漢文為主的術數類善本、珍本、鈔本、孤本、稿本、批校本等千餘種，精選出其中最佳版本，以最新數碼技術清理、修復版面，更正明顯的錯訛，部份善本更以原色精印，務求更勝原本，以饗讀者。不過，限於編校小組的水平，版本選擇及考證、文字修正、提要內容等方面，恐有疏漏及舛誤之處，懇請方家不吝指正。

心一堂術數古籍珍本叢刊編校小組

二零零九年七月

鴻福齊天

足下如識得字便可自己推算 利人又利己
用最新科學編法 闡華夏哲理神奇
示三千餘年靈蹟 洩天人不傳玄機
照書推算 啟爾靈機
吉兇禍福 準確無比
祇須八字準確 便能自推終身
一生榮枯休咎 趨避無須求人

鴻福齊天序

孔子曰:「知命。」孟子曰「立命。」莊子曰:「安命。」雖其意不同，而於命之推重也則一。今人每以星命之學爲江湖，不屑重視，蓋不知命之所以爲命也！夫不能知命，何由立命？何由安命？安命而不能知則不能立，立命而不能知則不能安。以苟且爲安，以躁進爲立，是皆不知命者也。然則命學固可以不講乎？余年十六時，始受命學於外祖父葛階平府君。府君剛直博學，一秉外曾祖父之教。外曾祖父爲湯壽潛先生之師。其弟子成翰林進士，貴顯於時者，不知凡幾，而已不過爲茂才。或勸以進取，輒謝不行，蓋能知命而又能安命者也。府君亦終於茂才，終身不進取，其命學造詣，尤勝外曾祖父。其推算同窗之科甲壽夭，莫不應驗如響。時余既童稚，不知命學之爲何。府君乃訓余曰:「汝天姿奇慧，而勇於進取，若不知命，則不能安命，又不知立命，非自全之道。」因以其術授余，且曰:「汝尙幼，似尙非研究命學之時，然吾推吾命，且不久於人世，不能待矣。」其後數年，竟歸道山。余以泛學較多，涉獵稍廣，於星命之學，不甚措意。比從政就業，驅馳南北，益無暇鑽研。惟時以親友請託，偶爲評看而已。回憶府君訓授之意。實多愧恧。今既輯鴻福齊天一書，深望讀者能自知其命而安命而立命，則為余不負府君循循訓誨之意矣！民國三十年一月不空居士序於上海

鴻福齊天目次

華夏哲理闡微社版

第三編　日干月支吉凶定局

鴻福齊天 一名算命一讀通

不空居士
覺先居士合纂

第一編 命理通例

命理通例者，卽算命通用之定例也。凡欲研究命理，必須先學本編所列各種通例，記憶無誤，然後方可依次研究命理格局日干月支等編。故命理通例者，實爲研究命理者之入門要徑也。

第一章 天干

第一節 天干數

天干之數有十，曰：甲、乙、丙、丁、戊、己、庚、辛、壬、癸。簡稱曰干，言如樹之有幹也。總稱亦曰十干。在八字中。亦曰天元。

第二節　天干陰陽

十天干分陰陽二種：甲丙戊庚壬五干屬陽，曰陽干：乙丁己辛癸五干屬陰，曰陰干。

第三節　天干五行

十干所屬五行：甲乙爲木，丙丁爲火，戊己爲土，庚辛爲金，壬癸爲水。

第四節　天干方位

甲乙屬東方，在震卦之左右。丙丁屬南方，在離卦之左右。庚辛屬西方，在兌卦之左右。壬癸屬北方，在坎卦之左右。戊己雖在中央，但以中央無定位，故寄於四維；戊寄於辰戌位，己寄於丑未位。

第五節　天干化合

甲與己合，化土。乙與庚合，化金。丙與辛合，化水。丁與壬合，化木。戊與癸合，化火。

第六節　天干交戰

十天干中，有互忌者，謂之交戰，如甲與庚，乙與辛，丙與壬，丁與癸是也。惟戊巳中央土，不忌。蓋天干之交戰，與地支之六冲相似，皆爲羅盤上對面相冲者。戊己寄位於四維，戊寄於辰戌，相冲者卽辰戌，己寄於丑未，其相冲者卽丑未故也。

第七節　口訣

甲乙東方木，丙丁南方火，戊己中央土，庚辛西方金，壬癸北方水，五行此中尋。交戰金與木，水火不相應。陰陽看前後，前陽後是陰。

第二章　地支

第一節　地支數

地支之數十二，曰：子、丑、寅、卯、辰、巳、午、未、申、酉、戌、亥。簡稱曰支，言如樹之有枝也。總稱曰十二支。支在八字之四柱中，亦曰地元。

第二節　地支陰陽

十二地支，分陰陽二組。寅辰巳申戌亥六支屬陽，曰陽支。子丑卯午未酉六支屬陰，曰陰支。

第三節　地支五行

十二地支所屬五行：寅卯為木，巳午為火，申酉為金，亥子為水，辰戌丑未為土。又以辰戌丑未常為五行之墓庫，亦稱四庫。（墓庫者遇凶則為墳墓，遇吉則為財庫也。）

第四節　地支方位

卯居東方之中，正居震位，為太陽初出之候。其稍偏於北之位卽甲，更較甲稍偏於北者，為寅。其較卯稍偏於南者為乙，又較乙更稍偏於南者曰辰。故寅卯辰三支，皆居東方。在八字中，三字全見者，曰東方一炁。午居正南，正居離位，為日行正中之候。其稍偏於東者曰丙，較丙更偏於東者曰巳。較午稍西者曰丁；較丁更偏西者曰未。故巳午未三支，皆居南方。八字中三字全者，曰南方一氣。酉在正西，正居兌位，為日沒之所。稍偏於南者曰庚，位較庚更稍南者曰申。又在酉稍北者曰辛；更較辛稍北者為戌。故申酉戌三支皆居西方，八字中全者為西方一氣。子在北方，正居坎位，在其偏西者曰壬，曰亥；在其偏東者曰癸，曰丑。故亥子丑皆在北方，八字中三字全見者，曰北方一氣。

第五節　地支六合

地支亦有合有化；子丑合為土，寅亥合為木，卯戌合為火，辰酉合類金，巳申合類水。午與未合，爲太陽與太陰。茲爲便於初學者記憶起見，照下式橫推卽得：

丑、寅、卯、辰、巳、午、（以上順列）

子、亥、戌、酉、申、未、（以上倒排）

土　木　火　金　水

第六節　地支刑沖

地支刑沖有三種：（一）爲六沖地支每隔六位之位是，如子與午，丑與未，寅與申，卯與酉，辰與戌，巳與亥是。茲爲便於初學者記憶起見，排列如下；

子　丑　寅　卯　辰　巳

午　未　申　酉　戌　亥　（均順排橫推卽得）

（二）爲刑，亦名三刑。三刑中有種種不同之名。子刑卯，卯刑子，名無禮之刑。寅刑巳，巳刑申，申刑寅，名恃勢之刑，丑刑戌，戌刑未，未刑丑，名無恩之刑，辰午亥酉四支，則自相刑名自刑。

（三）六穿，卽十二地支，依掌訣，上下相對之各位也。亦名六害。如子與未，丑與午，寅與巳，卯與辰，亥與申，戌與酉是。其排列法如下，依式橫推卽得。

戌	亥	子	丑	寅	卯
酉	申	未	午	巳	辰

第七節　地支三合

地支中除六合外，又有三合會局之名。三合會局者，乃亥卯未會成木局，寅午戌會成火局，巳酉丑會成金局，申子辰會成水局。卽於十二支中，每隔三位取一支，卽是。而取四方正位所屬之支，定其五行所屬。其排列式如下：

地	子辰申	合	子居北方正位屬水，故成水局。
支	丑巳酉	局	酉居西方正位屬金，故成金局。
橫	寅午戌	直	午居南方正位屬火，故成火局，
列	卯未亥	看	卯居東方正位屬木，故成木局。

第八節　地支衝合掌訣

地支冲合頗多記憶，較天干為難，但如以掌訣推之，則頗易記憶，茲列掌訣如下：

小指……	巳	辰	卯	寅
無名指……	午			丑
中指……	未			子
食指……	申	酉	戌	亥

用法如下:

(一)六合橫對者是:如子與丑,亥與寅,戌與卯。

是。

(二)三合三方吊照,每隔三位者是,如申子辰,巳酉丑是。

(三)六冲相對者是,如子與午,丑與未,寅與申,卯與酉。

(四)六害直對者是,如戌與酉,亥與申,子與未是。

第九節 十二支生肖

十二支配以十二獸,其源甚古,印度亦有之,但以鰐魚易龍,以師子易虎耳。其配合如下,子鼠,丑牛,寅虎,卯兎,辰龍,巳蛇,午馬,未羊,申猴,酉鷄,戌狗,亥猪。

第三章 人元(十二支中所藏)

華夏哲理闡微社版

第一節 要旨

十二地支中，除子卯酉三支，僅藏本支所屬五行一干外，餘支所藏，均有兩干以上。（蓋子午卯酉爲四方正氣，不容餘氣，故除本支所屬外，餘無所藏。而午宮獨藏己土者，以午爲日殿，兼攝月殿，同時爲丁己兩干之祿元，故含己土。又以土無方位，寄在四維，而火能生土，故藏宮乃寄己土於午火也。）此種藏宮，在八字中，稱爲八元。

第二節 口訣

子宮癸水在其中，丑癸辛金己土同，寅藏甲木兼丙戊，卯宮乙木獨相逢，辰藏乙戊三分癸，巳內庚金丙戊從，午宮丁火并己土，未宮乙己共丁宗，申內庚金壬水戊，酉宮辛字獨豐隆，戌位辛金及丁戊，亥藏壬甲是眞踪。

第三節 原理

十二支中何以有藏宮，古說不一，而或以『癸臨官在子，故癸藏於子；丑爲癸之冠帶，辛金己土之墓，故丑藏癸辛己；寅爲丙戊長生，又爲甲之臨官』云云，解之實屬遺誤後學。蓋十二支中，長生臨官帝旺云云，不止一干或兩三干，今一干而不盡藏，同一長生而或藏或不藏，矛盾如此，安足爲定法？如子固爲癸之臨官，然亦爲辛之長生，壬之帝旺，何以子只藏癸而不藏辛壬，其他各支類此者甚多，足見其誤。今爲便於初學起見推闡其理如下：

蓋藏宮者實爲干支之餘氣，因各支所屬五行，本藏一干，爲本宮之五行正氣，然間有他宮之餘氣而寄旺於本宮者，是卽藏宮。試就上述口訣中所藏論之：子爲陰支屬水，癸亦爲陰干屬水，故癸爲子之正氣。寅爲陽木，丑爲陰土，己亦爲陰土，故己爲丑宮正氣。甲亦爲陽木，故甲爲寅宮正氣。（其他類推）十二支中除本宮正氣外，其有藏宮者實僅九支，其所藏如下：丑（癸辛）寅（丙戊）辰（乙癸）巳（庚戊）午（己）未（丁乙）申（壬戊）戌（辛丁）亥（甲）

子午卯酉爲四方之五行正氣，例不藏他氣，而午宮獨藏己土者，以己土無方，寄位於午；午爲日殿兼攝月宮幷爲己祿。其餘諸支，除亥外所藏皆爲前一宮之餘氣，如丑中癸爲子宮之餘氣，寅中戊爲丑宮之餘氣；辰中乙爲卯宮之餘氣。（餘可類推）獨亥宮不藏戊者，以戊獨剋亥中壬，壬旺不受剋制，水盛土流，故不藏戊。或曰：然則辰中何以藏乙木？曰：辰寄旺於未，爲東方之一氣，性雖屬土，而類於木，故仍藏木。戊位西方，亥居北面，五行之氣，各有所備，不相通假，故不容藏也。

十二支中，除本氣及前一宮餘氣外，則所藏如下：丑（辛）寅（丙）辰（癸）巳（庚）未（乙）申（壬）戌（丁）亥（甲。）此中所藏可分爲陽干及陰干二種。（陽支藏陽干，陰支藏陰干，此爲一定之理，辰戌亦爲陽支而藏陰干者，以戊己土寄旺四維，陽剛之氣不藏，故藏陰干。）藏陰干者藏屬一方位之餘氣；藏陽干者蓄後一方位之餘氣。亥子丑在北方，丑藏陰干，應藏前一方西方餘氣，故丑藏西方辛金，而爲金庫。寅卯辰在東方，寅藏陽干，陽干應取後一方南方餘氣，故寅藏丙火。辰在東方而藏陰干，應藏前一方北方餘氣，故藏癸水，而爲水庫（其他可以類推）

學者試就上述原理，加以研究，可知古人發明命理，皆有精密之方法，古今命學家粗心，故不能知其奥妙而牽強附會，以解說之耳。

第四章　五行生剋

五行各具生剋之理，其相生者，金生水，水生木，木生火，火生土，土生金。其相剋者，金剋木，木剋土，土剋水，水剋火，火剋金。惟五行生剋，陰陽之性不同，陽剋陽，陰剋陰其力大，陰剋陽；陽剋陰，其力微，學者不可不知。

第五章　納音五行

第一節　歌訣

甲子乙丑海中金，丙寅丁卯爐中火，戊辰己巳大林木，庚午辛未路旁土，壬申癸酉劍鋒金，甲戌乙亥山頭火，丙子丁丑澗下水，戊寅己卯城頭土，庚辰辛巳白蠟金，壬午癸未楊柳木，甲申乙酉泉中水，丙戌丁亥屋上土，戊子己丑霹靂火，庚寅辛卯松柏木，壬辰癸巳長流水，甲午乙未沙中金，丙申丁酉山下火，戊戌己亥平地木，庚子辛丑壁上土，壬寅癸卯金箔金，甲辰乙巳覆燈火，丙午丁未天河水，戊申己酉大驛土，庚戌辛亥釵釧金，壬子癸丑桑柘木，甲寅乙卯大溪水，丙辰丁巳沙中土，戊午己未天上火，庚申辛酉石榴木，壬戌癸亥大海水。

按甲子五行名稱甚多，以納音爲最要，故列於此。

第二節　簡訣

六十花甲子納音五行，因歌訣太長，記憶頗不容易，古有簡訣，記憶較易，茲錄之如下：

子午銀燈掛壁鈎，辰戌烟滿寺鐘樓，寅申漢地燥柴濕，納音須向此中求。

蓋六十花甲子中，其所屬五行，前三十花甲子與後三十甲子同。如甲子乙丑爲金，甲午乙未亦金；丙寅丁卯爲火，丙申丁酉亦火。故實際只須記三十甲子之五行，即可推知六十甲子之五行。此六十甲子中，甲凡六見：首甲子，次甲戌，又次甲申，再次甲午，更次甲辰，末爲甲寅。以前後三十相同，故甲子甲午可合爲一，甲辰甲戌又合爲一，甲申甲寅又合爲一。

簡訣中每句五字，皆以偏旁表五行。如子午銀燈掛壁鈎，即言子午金火木土金。故甲子乙丑與甲午乙未皆金；次丙寅丁卯與丙申丁酉皆火，戊辰己巳與戊戌己亥皆木，餘可類推。

第六章　五行旺相

第一節　四季五行旺相

木旺於春，相於冬。火旺於夏，相於春。金旺於秋，相於土王用事。水旺於冬，相於秋。各七十三日。土則寄旺於四季，每季各十八日餘，合之亦七十三日，卽曆書所稱「土王用事。」相於夏。

第二節　十干五行旺相

十干五行，配十二支五行，有長生帝旺定局，其位次亦十二，曰：長生，沐浴，冠帶，臨官，帝旺，衰，病，死，墓，絕，胎，養。（古書絕作系包兩字，蓋謂入墓以後，受胎之前，僅係於包，未有形象也。後人不解其義，幷爲一字。夫既曰絕矣，又安能入胎安養，卽五行將止於此，無術循環矣。）陽干順行，陰干逆轉。陽干：甲木長生在亥，丙火戊土長生在寅，庚金長生在巳，壬水長生在申。陰干：乙木長生在午，丁火己土長生在酉，辛金長生在子，癸水長生在卯。依上述十二名稱，次第推之，卽可知十干五行生旺死絕之地。茲爲便於初學起見，列表如下：

日干	長生	沐浴	冠帶	臨官	帝旺	衰	病	死	墓	絕	胎	養
甲	亥	子	丑	寅	卯	辰	巳	午	未	申	酉	戌
乙	午	巳	辰	卯	寅	丑	子	亥	戌	酉	申	未
丙	寅	卯	辰	巳	午	未	申	酉	戌	亥	子	丑

丁	酉	申	未	午	巳	辰	卯	寅	丑	子	亥	戌
戊	寅	卯	辰	巳	午	未	申	酉	戌	亥	子	丑
己	酉	申	未	午	巳	辰	卯	寅	丑	子	亥	戌
庚	巳	午	未	申	酉	戌	亥	子	丑	寅	卯	辰
辛	子	亥	戌	酉	申	未	午	巳	辰	卯	寅	丑
壬	申	酉	戌	亥	子	丑	寅	卯	辰	巳	午	未
癸	卯	寅	丑	子	亥	戌	酉	申	未	午	巳	辰

第七章 月建節氣

第一節 月建

正月建寅，二月建卯，依次輪流，至十一月建子，十二月建丑。

第二節 節氣

正月立春節雨水為中氣。二月驚蟄節，春分為中氣。三月清明節，穀雨為中氣。四月立夏節，小滿爲中氣。五月芒種節，夏至爲中氣。六月小暑節，大暑爲中氣。七月立秋節，處暑爲中氣。八月白露節，秋分爲中氣。九月寒露節，霜降爲中氣。十月立冬節，小雪爲中氣。十一月大雪節，冬至爲中氣。十二月小寒節，大寒爲中氣。

第八章　六親定例

第一節　要綱

八字之定六親，以日干爲主。（亦稱日元）日干者：卽我也。凡生我者爲正印偏印，（偏印亦稱梟）我生者爲傷官食神，與我同者爲比肩劫財，剋我者爲正官偏官；（偏官亦稱七煞）我剋者爲正財偏財。又凡陽見陰，陰見陽者，爲正印傷官劫財正官正財；陽見陽，陰見陰者，爲偏印食神比肩偏官偏財。

第二節　圖表

	甲	乙	丙	丁	戊	己	庚	辛	壬	癸
比肩（簡作比）	甲	乙	丙	丁	戊	己	庚	辛	壬	癸

劫財（簡作劫）	乙	甲	丁	丙	己	戊	辛	庚	癸	壬
傷官（簡作傷）	丁	丙	己	戊	辛	庚	癸	壬	乙	甲
食神（簡作食）	丙	丁	戊	己	庚	辛	壬	癸	甲	乙
正財（簡作財）	己	戊	辛	庚	癸	壬	乙	甲	丁	丙
偏財（簡作才）	戊	己	庚	辛	壬	癸	甲	乙	丙	丁
正官（簡作官）	辛	庚	癸	壬	乙	甲	丁	丙	己	戊
偏官（簡作殺）	庚	辛	壬	癸	甲	乙	丙	丁	戊	己
正印（簡作印）	癸	壬	乙	甲	丁	丙	己	戊	辛	庚
偏印（簡作卩亦作梟）	壬	癸	甲	乙	丙	丁	戊	己	庚	辛

第九章　推年月日時法

第一節　推年法

推年之法，固以所生年分之干支爲主，但仍須看所生生日時間，是否已過立春節而定。如正月生日，已過立春節，方作本年算。如未過立春節，仍須用上年之干支。倘十二月生日，已過立春節，須作下年算，倘未過立春日，方可用本年之干支。

凡欲知其人生年之干支，即以其人之歲數，加於本年支上，每十歲順行兩位，再就餘數，逆行相等位數，即得。如今年辛巳，其人年齡爲三十四歲，則其推算方法如下：

一歲於巳位起辛巳——巳　辰　卯　寅

午　三十三歲　三十二歲　丑

十一歲於未位起辛未——未　己酉　庚戌　子

三十四歲戊申——申　酉　戌　亥

二十一歲於酉位起辛酉　三十一歲於亥位起辛亥

爲便於記憶起見，如上例，於亥位上起辛亥後，即戌位上稱三十二歲，酉位上三十三歲，申位上三十四歲，則知三十四歲之年支爲申。次仍從亥位逆數，亥爲辛，則戌爲庚，酉爲己，申爲戊，故知三十四歲之人爲戊申年也。

又年齡在六十一歲以上者，則可減去六十年再推。如六十九歲，於推年時，可權當九歲；七十五歲，可權當十五歲推，是也。

第二節　推月法

推月以節爲主。凡生日生時，已過本月節者，方作本月算。若未過者，須作上月算。但已過下月節者，又應作下月算，不作本月算。假定六月廿八日生，而是年六月廿六日已立秋，則此人應算作七月生，不用六月月建。又如五月初三日生者，如查是年芒種爲五月初九日，則此人生日，應作四月算是也。

月建之地支有一定，已見前第七章第一節內，查知其生月後，卽可知之，不必再推。惟天干則五年一轉，須加推算。其推算之口訣如下：

甲己之年丙作首，乙庚之歲戊爲頭，丙辛之歲從庚起，丁壬壬寅順行流，若逢戊癸何方法？甲寅之上好推求。

卽年干如爲甲己，則正月必爲丙寅，以次順行，二月必爲丁卯，三月必爲戊辰是也。又如今年辛巳，「丙辛之歲從庚起」，則知正月必爲庚寅，二月必爲辛卯，三月必爲壬辰，四月必爲癸巳是也。其他卽可類推。

又推月時，如其人生日，爲閏月者，須查其人生日，已過下月節者，作下月算，未過下月節者，作上月算。凡閏月，下月節必在閏月之十五日或十六日，且必無中氣。如有中氣，卽非閏月矣。

第三節　推日法

生日干支，可查曆書。本無須推算。如庚辰年三月十四日生人，查是日爲甲午，則甲午卽爲其生日之干支矣。惟查萬年曆時，則萬年曆所載僅有初一、十一、廿一三日之干支，須依六十甲子，順行求之。如庚辰年九月二十五日生，是年九月二十一日，萬年曆載爲丁酉，卽二十二日必爲戊戌，二十三日必爲己亥，二十四日爲庚子，二十五日爲辛丑，卽知其人之生日干支爲辛丑矣。餘可類推。

第四節　推時法

推時之法，亦從子時遁起，至所生之時止，卽可得其天干。其口訣云：

甲己還加甲。乙庚丙作初。丙辛從戊起。丁壬庚子居。戊癸何方法。壬子是不虛。

譬如丙申日生人，巳時生。據口訣；「丙辛從戊起，」則自子時上戊子，順行而下：丑爲己，寅爲庚，卯爲辛，辰爲壬，巳爲癸，卽知其人之時辰爲癸巳矣。

第十章　推胎息變通四元法

第一節　推胎元法

推胎元之法，有二。通常卽以生月之前十月爲胎元。如甲子年十月（建乙亥）生人，卽以正月月建丙寅爲胎元。（所謂干前一位，支前三位，卽指此法。如例十月爲乙亥，乙前一位爲丙，亥前三位乃寅，卽以丙寅爲胎元也。）或以其不問有閏無閏而非之，謂應以生日前三百日日建所在之月求之。其法。如乙丑日生人，其前三百日之日干丙寅，覘第五個丙寅所在，爲九月抑十月或十一月，其日卽爲此人之胎元。

第二節　推息元法

推息元之法，以日爲主。卽以其日干支所合，定爲息元。如辛巳日生人，辛與丙合，巳與申合，卽丙申爲其息元矣。

第三節　推變元法

變元以時爲主，卽以時辰之干支合處爲變元。如甲子時生人，甲與己合，子與丑合，卽己丑爲其人之變元也。

第四節　推通元法

以其人之生月生時，命宮爲主。假使其人生於甲子月寅時，安命卯宮，則依推月建之歌訣推之（見第九章第二節）「甲己之年丙作首」則爲丙寅，卯爲丁卯，丁卯卽其通元也。

第五節　吉凶關係

息元變元通元三種，自來無人重視，僅備一格而已。推胎元則頗有注意者。但亦屬少數。

第十一章　推大小運法

第一節　行運歲數

幾歲交運，係以所生之日時，數至月節爲止，看有幾日幾時，以每一時爲十日，每日爲一百二十日，每三日為一年。假定自生辰數至過節時，共計十四日零五時，則四行運多兩日零五時。每日作一百二十日算，每時作十日算，則共計四行運多二百九十日。亦可稱為五行運缺七十日。

惟學者應注意者，其所算之節，應照生日生時，逆行算至過去之節；抑應順行算至未來之節，應視其人生年及男女而定。如其生年天干屬陽之男子，或屬陰之女子，皆應順行，數至未來之交節時為止。如為天干屬陰之男子，或屬陽之女子，則皆應逆推，數至過去之節為止。試舉例以明之：

例一：民國二年癸丑正月廿二日申時生，男命。

癸年係屬陰干，男命，應逆　至去年十二月（大）廿九日酉時立春節，共計二十二日十一時，照上述方法折算，應為七年多二百三十日。即七行運多二百三十日；亦即八行運少一百三十日。扣足應在民國九年九月十二日交運。是年庚申，即每逢庚乙為交運脫運之歲。

例二：民國五年丙辰四月十二日子時生，男命。

丙年係屬陽干，男命，應順數至未來之節爲止。查明以後，未來之節，爲下月（五月）初六日戌時芒種。應自四月（月大）十二日子時，數至五月初六日戌時，共計二十四日十時，即八行運多一百天，扣足應至民國十三年七月廿二日交大運，是年爲甲子，即每逢甲己爲交運脫運之期。

例三：民國二十一年壬申七月二十七日卯時生，女命。

壬係陽干，女命，應逆數至過去之節。查是日以前，最近之過去節爲七月初七日寅時立秋。逆數至是日，共差二十日零一時，即七行運少一百一十天。扣足於民國二十八年四月初七日交大運。查是年爲己卯年，故本命每逢己甲年爲交運脫運之期。

例四：光緒二十七年辛丑七月初八日卯時生，男命。

辛係陰干，男命，應逆數至過去節。查七月初八日以前，最近之過去節爲上月（小）廿四日申時之立秋節逆數至是日申時，共爲十二日零七時，即四行運多七十天，扣足應在光緒三十一年乙巳九月十八日交大運，每逢乙庚交換。

例五：光緒三十三年丁未二月二十八日卯時生，女命。

丁係陰干，女命，應順數至最近之未來節，爲三月廿五日子時立夏。共計二十六日零九時。卽九行運少三十天。扣足在民國五年丙辰正月廿八日行大運。每逢丙辛交換，

觀於上述諸例，則所謂陽男陰女順行陰男陽女逆數之法，當可了然矣。

第二節　行運甲子

行運歲數之計算方法，既如上述，則此後應知行運甲子之排列方法矣。行運係以月爲提綱，再看年干陰陽以定順逆，其順逆之定則仍如上節陽男陰女順行；陰男陽女逆行。假定甲子年丙寅月生之男命則甲爲陽干，男命，卽「陽男」應照甲子順數，第一步運爲丁卯，第二步運爲戊辰，第三步運爲己巳，依次行庚午辛未壬申等運。若爲女命則爲「陽女」應依丙寅月逆行，爲乙丑，爲甲子，依次爲癸亥，壬戌，辛酉，庚申。又假定乙丑戊寅月生男命，乙爲陰干，男命爲陰男，應逆行爲丁丑丙子，乙亥甲戌……如爲女命則爲陰女應順行爲己卯，庚辰，辛巳……等運矣，餘可類推。

第三節　推小運法

推小運之法，頗爲簡單，其陽男陰女順行；陰男陽女逆行之法，仍與推大運同，惟以時爲提綱，每年行一甲子耳。如辛丑年辛卯時生人男命應逆行，一歲爲庚寅二歲己丑三歲戊子四歲丁亥……若爲女命，則應順行：一歲爲壬辰，二歲癸巳，三歲甲午……是也。

第十二章　推命宮小限及流年法

第一節　推命宮法

推命宮，以每月之中氣爲主，已過中氣者，方作本月論：未過中氣者，雖已過節氣，仍須作上月論。所謂中氣者，如下：

正月雨水	二月春分	三月穀雨	四月小滿	五月夏至	六月大暑
七月處暑	八月秋分	九月霜降	十月小雪	十一月冬至	十二月大雪

換言之，即已過雨水者，方作正月推；未過雨水者，雖已過立春，仍作上年十二月推也。其餘可以倣此。

推算之法，先於亥上起正月，數至生月爲止。即於其位起生時，順數至卯爲止，即其人命宮所在也。茲更舉例明之：

例一：民國二年癸丑正月二十二日申時生人，男命，查是年雨水爲正月十四日，本命已過正月中氣，應作正月推算，卽從亥上起正月，不動，其生月卽在亥上。次卽於亥上起申時，子位爲酉時，丑位爲戌時，寅爲亥，卯爲子，辰爲丑，巳爲寅，午爲卯。卽本命爲安命午宮。

例二：民國五年丙辰四月十二日子時生人，男命。查四月中氣爲小滿，是年小滿在四月二十日。四月十二日尚未過小滿，應作三月推。卽在亥上起正月，二月在戌，三月在酉。次卽在酉位起本命生時子時，依次順行，丑字在戌，寅字在亥，卯字在子，則子卽本命之命宮也。

按推命宮先推月者，實卽太陽過宮定局。太陽過雨水後，方行入亥宮，春分後，方入戌宮。故如知曆法者，查知中氣後，卽可知太陽現躔何宮，無須推算，僅須在太陽所躔宮度起生時，順數至卯時止，視卯字所止之宮，卽爲命宮所在矣。止於卯者，以日出於卯也。

尚有一事，初學者所不可不知者，卽今之江湖術士，雖知安命宮之法，而不知命宮何用，於吉凶既無關係，於是安命宮乃等於贅疣。或乃以命宮所值之神煞，以斷其吉凶，不知十二宮神煞，乃曆法上之吉凶，與命理初無關係。且十二宮神煞一吉一凶，久成定局，以此推其吉凶未免呆板可笑。不知安立命宮在子平推命（即普通所稱命理）上並無關係，惟五星批命始爲一命之主。蓋五星批命以七政四餘之躔度衝照生剋斷命之貴賤，運之吉凶。命主躔何宮何度，實爲一命之主，與子平之日干同。無日干，不能推子平；無命宮命度，不能定五星也。鄙人編此書而仍附以推命宮之法者，不過以其流行已久，聊備一格而已，學者幸勿執泥。

守命宮之神殺（如言某某守命）詳見下章。

第二節　推小限法

推小限。以年支加於命宮上，逆數至流年歲支爲止，觀其所止之宮，即小限所在。如其人爲甲子年生人安命子宮，流年值巳，即在子命宮上加子生年以次逆數，丑在亥位，寅在戌位，卯在酉位，辰在申位，巳在未位，即知小限在未矣。欲知其干，則可依流年之干遁之。如流年丁巳，則依「丁壬寅辰順行流」依序遁之則未爲丁未。其吉凶即以丁未兩字依斷大運之方法斷之。惟小限在命理上之關係甚少，多數命理學家，幾全不注意及此。

第三節　推流年法

推流年之法，係以日干與流年上之干支之生剋爲主。其吉凶依斷大運之方法斷之。流年之吉凶，足以輔助大運之吉凶。若運吉而流年凶，足以減損其佳運。若運凶而流年吉，亦足以抑其凶氣。故推命理者，頗重視之。

斷流年，有所謂主事者，乃指流年年干之六親關係而言。甲子日生人，遇乙丑流年，則乙爲劫財，卽「劫財主事」也。

第十三章　神煞

第一節　守命宮神煞

守命宮之神煞，本屬曆書方位之神；或值日之吉凶神，本與命理無關係。蓋方位之神，主營造埋葬坐向之吉凶。值日神煞，主是日之宜忌。其以爲主命宮之神者，不知始於何時。今爲姑從俗說起見，誌其神殺，以備一格。

命宮神煞，以年支為主。其最重要者有十二神，曰：一太歲（凶）二太陽（吉）三喪門（凶）四太陰（吉）五五鬼（凶）六月德（吉）七歲破（凶）八紫微（吉）九白虎（凶）十天德（吉）十一弔客（凶）十二陌越（吉）。每歲均從歲支上起太歲，以次順數。如甲子年，安命午宮。是年太歲在子，即於子上起一太歲，順數丑太陽寅喪門，卯太陰辰五鬼巳月德午歲破。即其八為「安命午宮歲破守命」然同一宮中，其吉凶之神，不止一位。可查閱普通神煞節中參觀得之此不贅。

第二節　小限神煞

小限中亦有守限之神煞，其名目與命宮同，惟係以流年之神煞為主耳。如前例，甲子年生人，安命午宮，流年在辰，則在午上起子以次逆數巳為丑，辰為寅，卯為卯，寅為辰，則小限在寅。辰年寅宮之主要神煞為弔客，即弔客為守小限之神。惟辰年之寅宮，又有驛馬吉神，亦可云驛馬守限也。

第三節　普通神煞

普通神煞，多於八字四柱中論其吉凶，其最要者，有下列各種。

（一）天德　天德本曆法上之吉神，以月爲經，日爲緯。日値天德者吉。古歌云「正丁二坤宮三壬四辛同，五乾六甲上，七癸八艮逢，九丙十居乙，子巽丑庚中。」乾坤艮巽爲二十四向中之四維，惟營造葬埋之擇方者可用，擇日者無之。以擇日以干支爲主，不能用朝向也。（俗有依一卦管三山之說，而以左側成右側之地支代之者，大誤。若果可以一卦管三山之說，而以地支代四維，則甲乙卯皆屬震卦，丙丁午皆屬離卦，庚辛酉皆屬兌卦，壬癸子皆屬坎卦，皆可互通矣，尙復成何話說？（故二月五日八月十一月，均無天德。）

（二）天德合　即天德所合之天干。如正月天德在丁，丁與壬合，則正月以壬爲天德合。三月天德在壬，壬與丁合，則三月中以丁爲天德合。他如四月天德在辛，則丙爲天德合之類，皆可類推。

（三）月德　以月支爲主，天干爲緯。寅午戌月遇丙干，申子辰月遇壬干，巳酉丑月遇庚干，亥卯未月遇甲干，皆爲月德。蓋以三合會局所化之陽干，爲其德所在也。寅午戌爲火局，丙丁皆火，而丙爲陽干，故丙爲正五九月之月德。他可類推。

（四）月德合　即月德所合之天干是，如正月月德在丙，則月德合在辛，是也。

天月德及德合，皆主慈祥和善，逢凶化吉。

（五）天赦　春戊寅日，夏甲午日，秋戊申日，冬甲子日。主免災禍。惟據曆書，五日甲午日，十一月甲子者不赦，以值月建故。

（六）天乙貴人　歌訣云：「甲戊庚牛羊，乙己鼠猴鄉。丙丁猪鷄位，壬癸兔蛇藏，六辛逢馬虎，此是貴人鄉」，均以日干為主。如甲日生人，四柱中有丑字或未字，即為天乙貴人。又如丁酉或癸卯，則為自坐貴人是也。主聰明富貴，

（七）文昌　歌訣云：「甲巳乙午報君知，丙戊申宮丁己鷄。庚猪辛鼠壬逢虎，癸人見兔入雲梯。」如甲日生人見巳是。主其人聰明。

（八）華蓋　即地支三合會局中之末一字是。如寅午戌日生人，而年月時中見戌字者是。曆書中以月支為主，時流亦有據天月德例從月支者，各有所見。華蓋名為吉星，然吉凶隨他星而異。如值空亡，則主其人出家為僧道。如帶官印或值貴人文昌，則主富貴。若太多，亦不富貴，但主性聰明肯勤苦學藝而已。

（九）驛馬　即三合會局第一支所衝之辰。乃以日辰為主。古歌云：申子辰，馬在寅；

巳酉丑，馬在亥；寅午戌，馬在申；亥卯未，馬在巳。」是也。雖吉星，然命中有此，亦多奔波之勞。故會吉星則增其吉；遇所喜之辰，或財官印綬，皆主速發。若遇凶星則凶，遇所惡之辰，或與梟神劫財等相偕，亦倍增其凶也。惟帶劍鋒（亦凶星與太歲同一宮，太歲所在之辰，卽爲劍鋒所在之辰。）則爲「馬頭帶劍」，有「鎭守邊疆」之望。或云：「劍」乃指「壬申癸酉」之納音「劍鋒金」，則太泥矣。三命通會以爲上見庚辛或見納音金均可。

（十）將星　以日支爲主。卽三合會局中之中一支是。如寅午戌日見午，巳酉丑日見酉，申子辰日見子，亥卯未日見卯，皆是。古歌云：「將星文武兩相宜，祿重權高足可知。」雖爲吉星，然與凶星會，則亦足增凶星之氣焰。如命惡劫財，而劫財帶將星，見於四柱，則其害倍增。與凶星與天月二德會，變爲慈祥者不同也。

（十一）三奇　古歌云：「天上三奇甲戊庚，地下三奇乙丙丁，人中三奇壬癸辛。」凡四柱天干，三字見全者入局。

（十二）祿神　天干遇陰陽五行相同之支，卽是。如甲見寅，乙見卯，丙見巳，丁見午等是。惟戊見辰戌，己是丑未，不爲祿神；其祿神寄於巳午，以巳午火能生戊己土，隨母得祿之義。辰戌丑未乃四季雜氣所在，祿而不專，故祿神不居也。

（十三）金轝祿　即祿前二位是。甲祿在寅，前二位辰爲金轝祿。乙祿在卯，前二位巳爲金轝祿。丙戊見未，丁己見申，庚見戌，辛見亥，壬見丑，癸見寅。皆是，皆以日干爲主。

（十四）文昌貴　古歌云：「甲人蛇口乙猪頭，丙狗丁龍戊向猴，己午庚寅辛未貴，士壬卯位癸逢牛。」即甲日生人見巳，乙生人見亥，皆文昌貴人也。

（十五）文星貴　古歌云：「甲馬乙蛇丙戊猴，酉歸丁己亥辛求，庚逢戌狗壬逢虎，十位文星貴苑遊。」即甲日生人見午，丙或戊生人見申，丁或己見酉，辛見亥等皆是。

（十六）天印貴　古歌云：「甲字在寅中，乙逢亥亦同，丁酉戊申位，丙戌己羊宮，庚辛馬蛇足，癸卯與壬龍，此號天印貴，榮達受皇封。」

（十七）學堂詞館　學堂以日干爲主，見長生，而長生位之甲子，其納音又與日干同一五行者是。如金長生在巳，故庚辛生人見辛巳，辛巳納音亦爲金也。若見己巳丁巳之名，因納音不屬金，故但名長生，不名學堂。詞館者，乃日干五行之臨官位，而其納音與日元同一五行者。其例如上。

(十八)刦煞　申子辰在巳，寅午戌在亥，巳酉丑在寅，亥卯未在申。皆以日爲主。惟吉凶須視格局而定，不可一律作凶推。時流凡見刦煞，均以凶斷，非也。

(十九)六甲空亡　以日爲主。先推日主在何旬中。卽可知何支爲空亡。若年月時中見此支，卽名空亡。如甲子旬中無戌亥，甲寅旬中無子丑，甲辰旬中無寅卯，甲午旬中無辰巳，甲申旬中無午未。甲戌旬中無申酉，是也。如乙丑日生辰，乙丑係在甲子旬中者，則戌亥爲本命之六甲空亡。倘年月時中見戌亥，卽是。空亡雖係惡煞，但吉凶須視格局而定。

(二十)亡神　乃將星前一位。如申子辰見亥，寅午戌見巳，亥卯未見寅，巳酉丑見申是也。雖爲惡煞，亦有凶有吉。

(廿一)羊刃　卽祿神前一位，如甲祿在寅，卯爲羊刃是。

(廿二)截路空亡　甲己日見申酉時；乙庚日見午未時，丙辛日見辰巳時，丁壬日見寅卯時，戊戌日見子丑時。餘不忌。

(廿三)四大空亡　甲子甲午旬中無水，甲寅甲申旬中無金。故甲子甲午旬中生人見水，甲寅甲申旬中生人見金，謂之四大空亡。犯者主夭折。

（廿四）元辰　以生日甲子對衝之甲子爲主，陽男陰女，前一位；陰男陽女，後一位是，如戊寅生人，其對衝之甲子爲戊申若爲男命則前一位已酉是。若爲女命則後一位丁未是。餘可類推。

（廿五）暗金的煞　以月爲主，子午卯酉在巳，寅申巳亥在酉，辰戌丑未在丑。

（廿六）災煞　即衝破將星之支辰是。如申子辰生人，子爲將星，子午相衝，即午爲災煞。餘可類推。

（廿七）轉煞　春生人乙卯爲天轉，辛卯爲地轉。夏生人丙午爲天轉，戊午爲地轉。秋生人辛酉爲天轉，癸酉爲地轉。冬生人壬子爲天轉，丙子爲地轉。命逢此日主夭折，惟有制伏者，當別論。

（廿八）天羅地網　丙丁日主見戌亥爲天羅；水土命日主，見辰巳爲地網。金木二命無。犯者主蹇滯。倂惡煞而又五行無救，主夭亡。行運亦忌。

（廿九）咸池一名桃花　三合會局第一支之前一位是。如寅午戌人在卯，申子辰人在酉，亥卯未人在子，巳酉丑人在午是。皆以日爲主。

（卅）紅鸞天喜解神　三星皆係吉神。古歌曰：「卯起紅鸞逆數通，欲知天喜是相冲。更有解神少逆數，戌中到酉是眞宗。不求天德順從酉，月德要依己順逢。有人命限逢斯到，喜中加喜又無凶。」卯起紅鸞逆數通者，謂以太歲子加卯逆數，卽紅鸞所在也。如子年紅鸞在卯，丑年在寅，寅年在丑，卯年在子，辰年在亥是。「天喜相冲」者，謂天喜在紅鸞相對之一支也，如紅鸞在卯，則天喜在酉是。解神則子年在戌，亦逆數，丑年在酉，寅年在申，卯年在未，餘可除推。

第二編　命理定局

第一章　批命步驟

凡批命，有一定之步驟。學者須依照此項一定步驟，加以推算，方無得後忘前，手忙脚亂之譏。其次序如後——

第一節　立四柱

推命時，須先照其生年月日時辰，查明年支，排立四柱。亦名八字。四柱者，年月日時也。八字者，四柱之干支也。如在民國三十年，其八年二十九歲，正月二十二日子時生。則

（一）依前編推年法，算出其年干支爲癸丑，寫於第一行中。
（二）依前編推月法，算出其生月爲甲寅，寫於第二行上。
（三）依前編推日法，查出其生日干支爲己卯，寫於第三行上。

(四)依前編推時法，遁得其生時干支爲甲子，寫於第四行上。

至此而排立四柱之能事已畢，而命紙上四柱之寫法如後：

癸丑

甲寅

己卯

甲子

第二節　推生尅

次以日元爲主，照前編所載推查干支生尅通變，如前例；

(一)先查癸字，己屬陰土，癸屬陰水，土尅水爲偏財，卽書一「才」字於癸上。

(二)次查甲字，甲爲陽木，木能尅土，爲正官，卽書一官字於甲字上。

(三)又次查甲字。甲爲陽木，能尅土，爲正官。卽書一官字於壬字上。

(四)復次查年支丑字爲己土，爲比肩，先書一比字。又丑字有藏宮癸辛，癸爲偏財，辛爲食神，更書才食兩字於比字之下。

（五）再次查月支寅字。寅爲甲木，先書一官字。寅中又藏有丙戊兩字，丙爲正印，戊爲劫財，再書印劫兩字於官字之下。

（六）更查日支卯字。卯宮僅一乙木，乙木尅己土，乃七煞也，卽書一煞字於卯字下。

（七）末查時支子字。子中僅有癸水，乃偏財也，則書一才字於子字之下。

至此而八字中干支生尅，已查明矣。然而有一事亦須查明者，卽爲五行之是否完全。此命八字中以木爲最旺，次爲水土。金則惟年支藏一辛字，火則惟月干藏一丙字。故本命，五行雖全而少金火。此時四柱之書法如後：

才癸丑比才食

官甲寅官印劫

己卯煞

官甲子才

第三節　推干支衝合

至是，更應細看八字中之衝合，以爲定吉凶之參考。如本命：

（一）月日及日時兩干甲己合，化土。則書合化土二字，於甲己兩字之間。

（二）月日支寅卯爲五合，書一合字於寅卯之間。

（三）年支丑與時支子合，屬土。書合土兩字於八字之中。（別用朱筆，勾丑子兩字，引結於「合土」兩字之上。

（四）日支卯與時支子相刑，則於卯子之間，書一刑字。

此外別無刑冲尅害，卽第三步之工作已畢。

第四節 查神煞

凡查神煞，通常僅就重要者記之，其不甚重要者，則不記也。如前例，其四柱所帶神煞如下：

（一）己日干，天乙貴人，「乙己鼠猴鄉，」則子爲天乙貴人，卽於子下書「天乙貴人」四字，如下式；

官甲子才　天乙貴人

（二）亥卯未見卯爲將星，卽於卯下書將星兩字，同前式。

（三）亥卯未日生人，見寅爲亡神，卽於月支下書亡神兩字。

(四)亥卯未日生人見子爲咸池(卽桃花,)卽於子下天乙貴人旁書咸池兩字。

此外神煞均不上命。

第五節　安命宮

更次,又依前編所載推命宮方法,安命宮矣。如前例:民國二年正月廿二日子時生,乾造。(男命,依例寫乾造;女命,寫坤造。)查正月二十二日已過雨水,應作正月算,太陽在亥,卽在亥上起子時,順行數至卯時,在寅,卽安命寅宮。

次查守命宮神煞。查是年太歲在丑,卽在丑上起太歲,數至寅位,爲第二位,乃太陽,則書曰「安命寅宮,太陽守命。」於是安命宮之工作完畢。

第六節　查行運

安命宮畢,則又查行運矣。查行運之法,已見前編「推大運法。」依法推算,則知:

(一)癸年爲陰干,男命,應逆推,運亦逆行。

(二)自生日逆推至上年十二月立春,爲七行運多一百五十天。卽記云:「照新曆天尺推算,七行運多一百五十天,扣足於庚申年六月廿二日上運,每逢庚乙交換。」

（三）次依月建提綱，逆推於命書印定之格子內依次書明：「癸丑，壬子，辛亥，庚戌，己酉，戊申，丁未，丙午。」等字樣。又次乃於每一甲子上書明七歲，十七歲，廿七歲……等等碼子。

至此，而推行運之工作亦畢。

第七節　推流年小限

通常批命，多先推流年小限，然後再評八字之吉凶。如上例，於辛巳年（民國三十年）推命，則先書曰「流年辛巳。」次查年干「辛」為日元己之食神，則又於其下書曰：「食神主事。」

再次，可依前編「推小限法，」推算小限在寅，則又於其下續記曰：「小限在寅」而推流年小限之初步工作又畢。

第八節　推胎元

時流批命，多推胎元，但文士之偶然批命者，則多不推胎元。如欲推胎元，則須在立四柱以後為之。如上例，書明年月日時干支八字後，始於時辰「甲子」之左，記明「胎元乙巳」字樣。

推胎元法，已見前編。

第九節　評判吉凶

批命工作至此，需預備之工作，已大都完了，此後卽可依記載之種種文字，評判吉凶矣。八字上所記之六親或神煞，及行運之甲子，其最吉者，加兩圈或三圈，次吉者則加單圈。吉凶參見者，則一圈兩點或一圈一點。其欠吉者則有點無圈。其大凶者，則加以叉，皆以硃筆爲之。

第二章　用神

第一節　取用神

凡欲評判八字之貴賤吉凶，須先定用神。若定用神不當，則必致全盤俱錯。取用神之法，常用者有三：

（一）卽以月干上之六親爲用。如月干爲印，則印爲用神；如月干上爲煞，則煞爲用神。惟月干上爲官，則不能取用。因月干上之官，乃本身父母官，不可得而用也。

（二）視八字之生旺休囚，其最足以救本命格局之偏者爲用。如身（日元）太旺者，則取官殺爲用；殺太旺者，則取食爲用；身太弱者，則取印爲用。是但月干官星，仍不能取用。

（三）專以月令爲用神。月令者，並非專指月令，乃指司令之辰也。詳見下章查月令各節。

第二節　用神生旺休囚

凡批一八字，先須看用神之生旺休囚。用神生旺者，格局固吉，但亦不可一概論。有時過旺則太偏，如八字日元弱而煞旺，則宜用食神以制煞。如食神太旺，則制煞太過，非佳造矣。用神休囚者，亦非必定凶。若四柱有救，更兼運行旺相之地，亦可發福也。試舉數例以明之：

（一）例一　癸丑　甲寅　己卯　甲子　乾造

此命月日干甲己合化土，本可作從化格看，但因春木當令旺極，土受制過甚，雖年支有土子丑亦六合化土，仍嫌無氣，化土不成。月干官星，雖曰貪合忘尅，然寅木官星當令，日元又坐卯支己土終嫌受制太甚。但月上官星既不可制，兼無傷官可用。年支藏宮雖有辛金食神，杯水車薪亦無濟於事；故不得不用月支中之丙火正印為用，一以洩甲木之氣，二以長己土之根也。

（二）例二　辛丑　丙申　辛未　辛卯　乾造

此格亦為從化格，丙辛合化水，申為庚金中藏壬水司令，似得化無疑。但年時兩干俱透辛字，三辛爭合，時上辛金已隔一重，可以不論。年日兩辛爭合月丙，星平會海雖有鳳鳳干之美名，究不能不為本格之病。因此造之四柱見金壬水司令，金清水寒而又不宜用煞，自不得不用卯木偏才。卯木雖生金月，極其休囚，然以壬水傷官司令，可藉其氣以生扶丙火也。若運行東南亦未始不吉也。

滴天髓云：「能知衰旺之眞機，其於三命之奧，思過半矣。」蓋旺者宜制，衰者宜扶，固屬命理定局。但有表似旺而實衰者，亦有貌似衰而實旺者，若斷旺者宜制，衰者宜扶則吉凶顚倒，所評必不能準矣！

第三節　用神之病藥

張楠著神峯通考，於用神病藥之說，研討頗詳，足爲研究命理者之指南，茲擇要記之如下：

「何謂病？八字中原有所害之神也。何謂藥？有一字足以去其害之謂也。故古歌云：「有病方可貴，無傷不是奇，格中如去病，財祿兩相隨。」命書萬卷，此四字實最爲扼要。如八八字，四柱純土，水日干則爲煞重身輕，金日干則爲土厚金埋，火日干則爲晦火無光，木日干則爲財多身弱，土日干則爲比肩太重。是土爲諸格之病，俱喜木爲醫藥以去病也。如用財見比肩爲病，喜官殺爲藥也。用食神傷官，以印爲病，喜財爲藥也。或本身病重而藥少，或本身病輕而藥多；又宜於於運時取其中和。故病重而得藥，大富大貴之人也。病輕而得藥，略富略貴之人也。無病而無藥，不富不貴之人也。」

其言之爲扼要，學者可玩味也。

第四節　以月令求用神者之評論

沈孝瞻曰：「八字用神專求月令，以日干配月令地支而生尅不同，格局分焉。財官印食，此用神之善，而順用之者也。殺傷劫損，此用神之不善，而逆用之者也。當順而順，當逆而逆，配合得宜，皆爲貴格。如財喜食以相生，生官以護財。官喜透財以相生，生印以護官。印喜官殺以相生，劫財以護印。食喜身旺以相生，生財以護食。殺喜食以制服，忌財印以資扶。傷喜佩印以制伏，生財以化傷。刃喜殺以制伏，忌官殺之俱無。月劫喜透官以制伏，利用財透食以化劫。凡看命者，先看用神何屬，然後以年月日時，逐干逐支參配權衡，則富貴貧賤立見。不向月令求用神而妄取用神者，執假失眞也。」

據沈氏此言，非無相當理由，但謂之「憑月令以斷吉凶」則可，謂爲「就月令以取用」則不可。蓋用神決不可傷，務宜生扶。若如沈說則不然，苟月令太過，即宜制伏。若月令凶惡，爲全格大病，則不忌去之，與取用之意義截然不同。以取沈氏之說，即就月令以爲用，則於諸家所論之用神，迴不相侔。取他家之論以斷八字之吉凶，則必有完全相反者。此學者不可不予以注意者也。

第五節 用神之成格破格

八字之吉凶，並不視用神之吉凶而定。有時用神吉者，亦能破格；有時用神凶者，反能成格。（此專就月令取用者而言，乃沈孝瞻之論也，）如食神制殺，用財則破格。春木火旺，見官則忌官能破格。殺逢食制，透印相生，則用印破格。財旺生官，透食則雜，則用食破格。故官用食破，印用財破。又如印輕透殺，則殺能成格。財逢比劫傷官可解，則傷能成格。食神帶煞，靈梟得用，則梟能成格。財逢七殺，刃可解厄，則刃能成格。

第三章　從化論

第一節　總綱

凡看命，應先論從化。從化不成，方論財官。財官無取，方論格局。故看命之第一步，應看從化。所謂日干與他干合而化氣也。甲己合化木，乙庚合化金，丙辛化水，丁壬化木，戊癸化火。化之眞者，名公巨卿；化之假者，孤兒異姓。

凡六陰日生（乙丁辛己癸）者，以本體柔故，得合多從化，主富貴。六陽日干，又值生旺者不化，以其性剛身旺，不受化合也。惟從化格之眞假，或化而不化，最難看。故四言獨步云：「十干化神，有影無形，無中生有，禍福難憑。」蓋日干遇合化氣以後，則格局全變。甲日

華夏哲理闡微社版

主，木也，遇己則化為土，即其命不作木命看，應作土命看，是無中生有也。甲木可憑，而土命無憑，此有影無形也。若差以毫釐，則失之千里，禍福全然不準矣。故學者最宜注意。如雖有兩干相合，而從化不成，仍須推論財官，不應更言從化。

第二節　甲己日干化氣

日主為甲而年月日遇己或日主為己而年月時遇甲者，如四柱見戊干，或四季月令，或有辰支，皆化土，為中正之合。若遇辰戌丑未全，曰稼穡勾陳得位。

復陽子云：「甲己化土，非辰戌丑未月不化，其次午月亦化，有戊字間之則不化。」

十段錦云：「甲從己合，賴土化生。遇乙兮妻財暗損，逢丁兮衣祿成空。貴顯高門，蓋得辛金之力，家殷大富，皆因戊土之功。見癸兮平生發福，逢壬兮一世飄蓬。月遇庚金，家徒四壁。時逢丁火，祿享千鍾。」

又云：「己能化甲秀在於寅。逢丁兮他人凌辱，遇乙兮自己遭迍。陽水重重，奔走紅塵之客，庚金銳銳，孤寒白屋之人。丙內藏辛，必得其貴，戊中隱癸，不至於貧。若要官職遷榮先須見癸。家殷大富務要逢辛。」

按：此皆就化土而言，故其吉凶如是。乙木剋土，爲化運之七煞，洩財之氣，故曰「妻財暗損，」又曰「自己遭迍。」丁火生土，爲化運之梟神，奪化運之福，故曰「衣祿成空，他人凌辱」也。辛金爲化運之食神，戊土爲化運之命主，癸水爲化運之正財，丙火爲化運之正印，故格中皆喜見之。壬水助煞，庚金傷官，皆破格，不能富貴，故格中忌之，運行亦忌。

又詩云：「甲己中天化土神，時逢辰巳脫埃塵。局中歲月趨炎上，方顯功名富貴人。」又：「甲己干頭生逢春，平生作事慢勞神，百般機巧反成拙，傍人離落度朝昏。」（末句一作「孤苦伶仃走不停。」）

按：此格喜時逢辰巳者，以辰爲命主，巳爲正印也。

玉照經云：「甲己同交交之有信。」故甲己日干化土，如値旺相，其人極有信義。

天元賦云：「甲己相逢化土爲福，則夫婦遐昌。」甲從己化土爲財，猶人以身從妻之財，故云。

三命通會曰：「凡辰戌丑未八柱有己亥，爲受氣臨官，主晚年不享。又云得亥卯未爲官，戊癸氣爲福，忌見丁壬。」按丁壬見則化木，剋破化格也。

第三節　乙庚日干化氣

日主爲乙而見庚；或庚日而見乙，四柱土或巳酉丑全，皆化金，曰仁義之合。其巳酉丑全者曰曲直從華。復陽子曰：「乙庚化金非巳酉丑月不化，其次七月亦化，有甲字間之則不化。」

十段錦云：「乙從庚化，氣稟西方，蹇難兮生逢丙地，榮華兮長在壬鄉。丁火當權，似春花之遇日，辛金持世，若秋草之逢霜。最喜己臨，滿堂金玉，偏宜甲向，米麥盈倉。日日勞神，蓋爲勾陳作亂，時時費力，只因玄武爲殃。」

又曰：「庚從乙化，金質彌堅。最忌辛金暗損，偏嫌丙火相煎。遇丁官兮，似蛟龍之得雲雨：逢己卯兮，若鵰鶚之在秋天。癸水旺兮，田園飄蕩，壬水盛兮，財祿增遷。遇戊相侵兮，不成巨富。逢壬助力兮，永保長年。」

按：乙庚化金，丙乃七煞，辛爲劫財，戊爲梟神，癸乃傷官，故局中忌見。壬爲食神，丁爲正官，己爲正印，木爲財星，故局中喜見。其訣如是。

又古歌云：『乙庚金局旺於西，時遇從魁更足奇，戌辰丑未如相剋，此是候門將相兒』。

又云：「乙庚最怕火炎陽，志氣消磨主不良。寅午重逢爲下格，隨緣奔走覓衣糧。」按：土能生金，故時支喜逢辰戌，以固其勢。乙庚化金，雖喜丁火，而不喜火氣太重。火氣太重，則化格休囚，所謂「化而不化」，必爲孤兒異姓，故曰「隨緣奔走覓衣糧」也。

玉照經云：「乙庚旺相，大有聲名。」又云：「乙庚旺相之鄉，男子和明進顯。」

天元賦曰：「乙庚和合成金得位，則東西顯化。」接東方財旺，西行身旺，故曰東西顯化。

復陽子曰：「凡巳酉丑生人，柱有庚申，名曰受氣臨官。晚年不佳。又云，又喜丙丁巳午爲官，甲己爲福，忌見戊癸。」接甲己化土生金，故喜。戊癸化火剋破化格故忌，

第四節　丙辛

丙日干見辛、或辛日干見丙，則合而化水，得申子辰水局曰潤下。復陽子云：「丙辛化水，非申子辰月不化，其次十月亦化。柱有丁字不化。」接丁在年干上者，仍化，但損格耳。

十段錦云：「丙爲陽火化水逢辛。有福兮戊土在位；成名兮乙木臨身。官爵遷榮，生逢癸巳，家門顯赫，長在庚寅。強橫起於甲午，禍敗祭於壬辰，屢遇陰丁，走富貴能有幾日，重逢

己土，雖榮華，一似浮雲。」

又云「辛能化水得丙地成。四柱最宜見戊，一生只喜逢庚。見己兮，何年被福；逢壬兮何日成名。癸水旺兮縱困而不困，甲木旺兮雖榮而不榮。富貴榮華重重見，乙傷殘窮迫，疊疊逢丁。」

按癸爲化氣命主，亦爲祿神，故喜見之。他如乙爲食神，戊爲正官，庚爲正印，亦皆喜見。丁本偏財，非所顧忌，但以丁爲小人妒合，若重重疊見則從化不成，反成官煞混雜之局，乃下賤貧夭之造也。甲爲傷官，若見於四柱，則官氣休囚，難望騰達。壬爲劫財，己爲煞神，故皆忌見。然亦有不可盡拘者，三命通會云：「丙辛化水，喜壬辰時，生亥十月，其水成象。」但若於他干更見壬字，則劫神太重，未免破格耳。

古歌云：「丙辛化合喜逢申，翰苑英髦氣象新，潤下若居年月上，須知不是等閒人。」又云：「丙辛化水生冬月，陰日陽時須見清，有土局中須破用，得金相助發前程。」又云：「丙辛四季月中生，變化艱難福力輕。（星平會海流行本作「丙辛四柱月中生，變化艱難福力深，」大誤。今予以更正。）土數重重貧且賤，飄飄身世似浮萍。」又云：「丙辛化合喜支辰，（按三命通會作喜甲辰。查丙辛化格，忌甲爲傷，恐係申字之誤。）富貴榮華有福人，從革局中逢一二，少年平步上青雲。」又云：「丙辛戊癸來年月，敗壞門庭事緒多，行運更逢生旺水，傷妻剋子起風波。」按丙辛化格，雖喜見戊爲正官，但見土亦不宜多，若生四季月土旺，更兼四柱重重見土，則從化不成，故成賤格。丙辛合局化水，若在申月，則爲正印，水相，氣勢穩。若再見子爲祿神，辰爲正官。申子辰三合會成水局，則爲潤下格，富貴無疑。又丙辛化格若他干見戊癸合而化火，則水火交戰，主骨肉乖張，六親不和。

天元賦云：「丙辛化水，智顯則必主文章。」

三命通會云：「丙辛化水，凡申子辰生人，見癸亥名曰受氣臨官，主晚年不佳。又丙辛化水，要土爲官，得辰戌丑未爲官，乙庚爲福，忌見甲己。」按辰戌丑未不宜多見，蓋官多則亂，非貴格也。忌甲己者，甲己合化土，破水格也。

第五節　丁壬日干化氣

丁日干見壬，或壬日干見丁，遇亥卯未月或寅月，則化木，爲淫慝之合。柱有丙字，則妒合不化，生寅卯月，其木成象，喜丙辛爲福。丙辛化水，可資生扶灌溉也。怕午申時，壞格。

十段錦云：「丁爲陰火，喜遇陽壬。見丙兮百年安逸，逢辛兮一世優遊。富貴雙全喜甲臨；於天秤祿逢雙美，欣己共於金牛。活計消疎，皆因戊敗生涯寂寞，蓋爲癸囚乙木重重，財祿決無成就，庚金燦燦功名切莫妄求。」

又曰「壬從丁化，秀在東方。遇甲兮多招僕馬；逢辛兮，廣置田莊。丙火相逢，乃英雄之豪傑，癸水相會，爲辛苦之經商。佩印乘軒，已臨官位，飄蓬落魄，戊會煞方，皓首無成，皆爲庚金乘旺。青年不遇，蓋是乙木爲殃。」

按：復陽子以爲柱有丙字，則妒合不化。十段錦則云：「見丙兮百年安逸，」又云：「丙火相逢乃英雄之豪傑，」何也？曰丁壬化木，實喜丙爲福，云柱有丙字，妒合不化者，乃指連干而言，隔干則不忌。如：己未　丙寅　丁巳　壬寅　其人官主事。又丁酉　丙午　丁巳　壬寅　其人官知府。若壬日干丁時干，則化格受損。又妒合者，就一般而言，若木火乘旺，則雖妒亦化。他如「戊會煞方」者，戊本化格之財，若與煞俱，則生煞破格，故忌。庚金爲化格之七煞，癸水爲化格之倒食，亦皆忌見。

古歌云：「丁壬化木喜寅時，亥卯生提是福基，除此二宮皆別論，金多尤恐返傷之。」

又云：「丁壬化木喜逢寅，蓋世文章邁等倫曲直更歸年月地，少年平步上青雲。」又云：「丁壬化木遇金鄉，局祿福輕空自忙，氣喘殘傷無足取，眼前骨肉亦參商」按喜逢寅者，從所化也。亥爲木長生地，卯爲木旺地，故爲丁壬化格所喜。辛金爲正官，亦化格所喜。若太生旺，則制伏太過反破格也，故云：「金多尤恐反傷之」也。化木遇亥卯未全，曰曲直仁壽格，更增其美，故云：「少年平步上青雲」也。丁壬化格遇金，則木氣休囚死絕，便成賤格。

天元賦云：「丁壬化木，聰明則近善多己。」

玉照經云：「丁壬化木旺多仁義，」

復陽子云：「丁壬化木亥卯未生人，見甲寅名曰受氣臨官，晚景不佳。又曰丁壬化木，喜金爲官，丙辛爲福，忌乙庚。」蓋丙辛化水，足資生扶，乙庚化金，剋破化局故也。

第六節　戊癸日干化氣

戊癸爲無情之合。凡戊日干見癸；或癸日干見戊，遇寅午戌月，或四月，皆化火。見寅午戌則爲炎上。柱有己字，則妒合不化。又喜丙辰時，生巳午月，其火成象。愛甲相生，丁壬爲福，怕卯酉日時。若犯戊己，是火見土，即晦伏不明。

淵海十段錦云;「戊從癸合，化火成功。見乙兮終能顯達，逢壬兮亦自豐隆。衆男拱持，喜丁臨於乙位。六親不睦，緣甲旺於寅宮。丙火炎炎，難尋福祿，庚金燦燦，易見亨通。妻子損兮，皆因己旺。謀爲拙兮，蓋爲辛雄。」

又云:「癸從戊合，化火當臨。丙內藏辛，一世多成多敗。甲中隱己，百年勞力勞心。倉庫豐肥，欣逢丁火；田財般實，喜遇庚金。官爵辛勞兮，運綿見乙；資財富貴兮，上下逢壬。財源得失兮，緣辛金之太旺。仕途蹭蹬兮，蓋己土之相侵。」

按戊癸化火，丁爲祿，庚爲財，乙爲印綬，壬爲官，己爲傷官，辛金太旺則助煞，故其象如是。

古歌云:「戊癸南方火焰高，午寅時上顯英豪。局中曲直臨年月（按謂亥卯未會局也。一本作局中無水傷年月。）垂手功名着錦袍。（一本作:獻賦龍門奪錦袍。）」又云:「天元戊癸支逢水，敗壞門庭事緒多。行運更逢水旺地，傷妻剋子受奔波。」按午爲祿神，寅爲正印，故爲化局所喜。遇水行旺地，則火局被傷，乃下格也。

玉照經云:「戊癸火輪，多生禮德。」如化氣旺相，其人多禮德。

天元賦云：「癸喜戊兮，澄瀾漂渺。」謂癸水遇陽土，則爲水無波濤之象。又云：「戊癸得化，祿位崇高。二者相逢，三才可立。」

復陽子云：「戊癸化火，寅午戌生人，見丁巳爲受氣臨官，晚年不佳。喜水爲官，丁壬爲福，忌見丙辛日時。」按丁壬化木爲印，足資生扶，故爲本格所喜。丙辛化水，剋破化格，故忌。又戊癸雖喜水爲官，但不宜多，只一點已足。若多，則反壞格，不可不知。

第七節　雜論

合者，和諧之義；化者，化生之義。蓋一陰一陽相遇而合，如人之有夫婦。夫婦道成，而萬物化生，故天干合則必化也。

（一）甲己名中正之合者：甲陽木性仁，己陰土，性鎮靜淳篤，有生物之德，故云。此格主尊崇重大，寬厚平直。如帶煞而五行無氣，則多怒易嗔，頑梗不化。」

（二）乙庚名仁義之合者：以木主仁，金主義故也。主人果敢有守，仁義而不惑。五行生旺，則骨秀神清；死絕帶煞，則使氣好勇，體貌不揚，傲慢自許。

（三）丙辛爲威制之合：以丙乃陽火，威制辛金而合之者也。主人儀表威肅，人多畏懼。若帶煞則酷毒好賭喜淫，若五行死絕，則寡恩無義。故婦人不宜丙辛從化。如婦人遇此，而與大耗咸池相併者，則貌美聲卑。三合則夭冶而淫。

（四）丁壬為淫慝之合。蓋壬水純陽，三光不照；丁火藏陰，白色不明故也。化之眞者，必木火旺盛通明，則丁壬之性亦變，如入芝蘭之色，與之俱化。雖眼媚神嬌，多躁好動，而不傷其貴。若木火不明，則不事高潔，習下無志，沈溺酒色，好文飾，多貪欲。若五行死絕，或帶煞，或與咸池大耗俱天中自敗，必沾汚家風，親小人慢君子，貪婪妄作，必勝而後已。婦人淫邪奸慝，易挑易誘，多招玷辱。或年高而嫁少夫；或年幼而嫁老翁。或先賤而後良；或先良而後賤，為女命所大忌。

（五）戊癸為無情之合。以戊為老陽之土，癸為少陰之水。老陽少陰，故合而無情，如戊日干得癸合則顏貌嬌媚如神，男子娶少婦，婦人嫁美夫。若癸日干得戊合，則形容古樸，性地厚重。

合者貴乎得中而不偏，如一甲一己，各乘生旺，則合化得宜。如甲太旺，己太柔，兩不相稱；或以一己合兩甲，或以兩甲合一己，則為陰陽偏枯，雖得從得化，亦必減色。（子平以兩干合一干，謂之鳳凰干，並無所本，不可爲據。）

天元變化書云：「干合有兩種陽得陰合（如甲見己，庚見乙之類。）爲財合，福慢，祇得干合之利。蓋財本應由我用，財合不能爲福也。陰得陽合（如己見甲，乙見庚，辛見丙之類。）爲官合，福緊。以官乃管我者，今乃來合我，不但得干合之利，亦得官合之利，是有兩重利矣。」

又曰：一干合，更得支合，在一旬內者，如甲戌見己卯，甲辰見己酉之類，謂之君臣慶會。在各旬者，如甲子見己丑，甲午見己未之類，謂之夫婦聚會。惟分陰陽者，須陽位在上，陰位在下。不分陰陽者，須依順序而列。若得此合，須不相剋伐，相資相扶，方爲有用，增其貴氣。若有衝破刑傷，則屬不當。御製言談云「合中帶祿，定是公侯，合處相傷，反爲無補」是也。

復陽子曰：「大凡化氣，只取日干，而其配合之神，則年月與時皆可也。但要得旺氣於時。若不得月中旺氣，只時上旺氣亦可。倘得月中旺氣，而時上不乘旺氣，則不可用。若月與日時，俱得旺氣，方爲全吉。

丙寅辛卯，丙辰辛卯，丙申辛未，丙午辛未，丙戌辛亥之類，天干相合，地支相連；亦爲同氣，故名正化。但正化之中，亦有分別。如丙申月辛未日，最得旺氣，丙申日辛未時者則時上無旺氣，能化與否，須覗月上而定。丙寅丙午丙戌如爲月建則不化。丙辰如爲月干，亦可化，但不及丙申月。惟地支連處，有進化退化之分。進化者，如丙申日辛酉時；或丙申月辛酉日，自申及酉，依順序而行，大佳。如丙申辛未，因係逆轉，名退化，功名差晚，福祿減半。

第八節　逐月化象表

	正月	二月	三月	四月	五月	六月
丁壬化象	化木	化木	不化	化火	化火	化木
戊癸化象	化火	化火	化火	化火	發貴	不化
乙庚化象	化金	化金	成形	金秀	無位	不化
丙辛化象	不化	水氣不化	化水	化火	端正	不化
甲己化象	不化	不化	暗秀	無位	不化	不化
寅午戌化象	化火	化火	化火	化火	眞火	不化
亥卯未化象	化木	化木	不化	不化	失地	不化

申子辰化象	不化	不化	化水	純形	化火	不化
巳酉丑化象	破相	純形	成形	成器	卒革	化金
辰戌丑未化象	失地	小失	無信	貧乏	身賤	化土
	七月	八月	九月	十月	十一月	十二月
丁壬化象	化木	不化	化火	化木	化木	不化
戊癸化象	化水	衰薄	化火	爲水	化水	化火
乙庚化象	化金	進秀	不化	化木	化木	化金
丙辛化象	進秀學堂	就妻	不化	化水	化秀	不化
甲己化象	化土	不化	化土	化木	化土	化土
寅午戌化象	不化	破象	化火	不化	不化	不化
亥卯未化象	成形	無位	不化	成林	化木	不化
申子辰化象	大貴	清	不化	化水	化水	不化
巳酉丑化象	武勇	入化	不化	破象	化金	不化

辰戌丑未化象　貴　亦貴　正位　不化　不化　化土

第九節　六合三合附說

六合者寅與亥合，酉與戌合，辰與酉合，巳與申合，午與未合，子與丑合。蓋以寅月中氣後，太陽入亥；卯月中氣後，太陽入戌……以至十一月子，太陽入丑；十二月丑，太陽入子，故卽太陽與月會皆爲六合也。

合有合祿合馬合貴者說，卽珞琭子「從無而立有」之說。如甲生人以寅爲祿，不見寅而見亥，謂之合祿。寅午戌生人以申爲馬，不見申而見巳，謂之合馬。甲戊庚生人以丑未爲天乙，不見丑未而見子午，謂之合貴。經云：「明合不如暗合；拱實不如拱虛」此之謂也。

天元變化書云：「子合丑福輕，丑合子福盛。寅合亥福淸，亥合寅福慢。戌合卯福虛，卯合戌福厚。辰合酉福弱，酉合辰大利。午合未福慢，未合午大利。巳合申福慢，申合巳官氣盛。如甲午辛未只是身旺，却命祿弱。如乙未壬午，雖祿弱粗得。」

又曰：「男子忌合絕，女子忌合貴。」

寅午戌，亥卯未，申子辰，巳酉丑，謂之三合會局。蓋以寅爲火長生地，午爲火正位，戌爲火庫，故三合而爲火局。亥爲木長生地，卯爲木正位，未爲木庫，故三合而成木局。巳爲金長生地，酉爲金正位，丑爲金庫，故三合而爲金局。申爲水長生地，子爲水正位，辰爲水庫，故三合而成水局。故四柱中須全見三字，方可以之合化局論。若缺一字，即化不成局。但辰戌丑未全者，則作土局論。

三合會局，亦有有會祿會貴會馬諸種。如辛日主見巳酉丑局，辛祿在酉，即名會祿。又以巳爲正官，以局合祿，其福倍增。又如癸生人見申子辰局，癸祿在子，申爲正印，以印會祿，其福亦盛。惟陽日干稍差，如庚祿在申，遇申子辰局，雖地會祿，而以申子長爲水局泄氣。且爲傷官局，除別有生剋制合外，其福不如辛見巳酉丑遠甚，餘可類推。

三命通會云：「凡六合三合入命，主人形容姿美，神氣安定，好生惡死，心地平直。週旋方便，聰慧疎通。如相生合者，舉事多遂，更有福神來往，則福愈厚也。其生平多藝多才，言和貌悅，不較是非，禍福扶持，人多見厚。如相剋合者，多事少成，動招損害。更有凶煞相兼，橫事勾連，驚暴之災，不致深咎。死絕合者（如甲死於午，而見寅午戌局，或午未合化類：）主人有爲，未嘗遂意，威武不重，精神俗陋，招人鄙薄，志卑氣虛，愛小人，惡君子，習下自賤，一生少得稱懷。與建祿合者（如乙卯日生人見亥卯未局，或見寅時與卯合；甲寅生人見亥；或子月遇癸丑日生人，或庚申日生人見巳月之類）多橫財意外名望之福。正印貴人合，得貴人提携之福。食神合，衣祿豐餘，飲食厚腆。元辰大耗合（即與日辰相衝之支）無禮貌，言清行濁，厚己賤人，侮慢君子。與咸池併，性情奸惡，私通不良，有貪污之行。與官符（與五鬼同，見前編安命宮。即自歲支起順數至第五位，如子年官符在辰是也）併，多招刑獄，詞訟旁牽，暗昧是非。婦人大忌合中帶煞。咸池則有淫行，大耗必淫奔。中有貴格者，自賤而貴也。

大率合吉神則吉，合凶神則凶。

第四章　干支生尅定局

第一節　綱要

玉井云：合吉非只泥三合六合。如酉字有力，或多見。又寅字亦乘旺，惟巳宮却已壞了，則丙中辛，寅中丙方可取。大凡亦看暗干與明干合氣取用，名為勾引恩讎，又為牽絡得失，又為顧盼人我。又為呼應前後，又為夫婦有情，又為行藏同道。

凡看命，如從化不成，即應論財官。論財官，則應先推究八字中幹支之生尅矣，因干支之生尅而有財官印食等種種分別。財官印食為八字中之四吉神，若財官印食得地，即為富貴之造，不須更論其他格局。

凡看財官時，幷須先看官，且須先看月令。如月令值官，已得旺氣，次再看干頭有透出。若有透出，再看日主强弱。若無官可取，則看財。若財無取，則看印，若印亦無取，則看食。若財官印食一無所取，方論格局。

第二節　正官

正官為六格之首，止宜一位，切忌多見。

凡論正官，宜先看月令。若月令為官，如甲日干見酉月，乙日干見申月之類，則官星已得旺氣。次再看干頭有無透出。若干頭透出者，謂之支藏干透，大吉。惟餘位不宜再見，若多見則官多成鬼，大不利也。

官星支藏干透，財印俱全，日主健旺，見祿會祿合祿，四柱不見傷官七煞，再運行正官旺相之地，必大發迹，乃大富大貴之命也。若有刑衝破害傷官七煞，貪合忘官，（如甲見辛酉月爲官，却被他干丙字合去，則謂貪合忘官。）刼財分福，皆爲破格。必須官星純一，五行和粹，方論正官。若見破格之字，雖別有他字去之（如柱中有煞爲病，而他柱有食神去之。）亦不純粹。

官星乘旺，又見三合六合會成官局。柱上更有財星資扶，則官氣旺絕，制伏日主太過，縱係好命，亦多庸懦無能。非運行身旺之地，不能發迹也。

若官止一二位，別無財星資扶，則日主稍弱無妨。若四柱皆歸背祿，則應推歲運向背，財官旺地以斷其吉凶。若財官過旺，日干休囚，則身弱不能用財，又不能任官，乃下造也。更行財煞大運，必患癆瘵而死。若柱中有七煞，更行七煞，必犯徒流。

官星支藏干透，月令乘旺，雖遇傷官，只須時上爲傷官休囚死絕之地，或有制伏去之，則衰絕之傷，自顧不暇，焉能傷乘旺專祿之官。但時主若爲官星死絕之地，反資扶傷官，則格局全壞。又或時上雖不助傷害官，而運行比劫七殺旺地，亦必降官失職，禍起蕭牆也。

官星正格，日干自坐財印，終必顯達。若自坐傷殺，縱有制合，亦爲一病。

「官多變殺」，或云：「官多成鬼」，「雖屬可忌，但若自身專祿乘旺，時上有印相助，則官星雖多，亦不爲害，但非大富大貴之造耳。官多身弱者，方爲大忌。更行官旺運，必死。

取官星不必專泥月令支辰，月干或年日時支干透有一處，并無損傷者，亦可取用。故經云：「明干有氣明干取，明干無氣暗中取。」若明干無氣，引歸地支，或有助托，只須運行得地，亦不減月內官星之福。故司馬季主云：「眞官時運早登金紫之封。」亦卽淵海子平所謂時上正官格也。如：辛未　乙未　丁未　辛亥　其人官都御史，以亥中壬水爲正官也。

萬育吾云：「正官格，要行印鄉，卽是逢官看印。如柱中原有印，則隨官印輕重，日干強弱，以斷所行之運。身弱印輕，要補其印。身旺官輕，要補其官。行傷官運，卽是背祿；行身旺運，卽是逐馬，珞祿子云：「背祿逐馬守窮途」而悽惶；行煞運卽是煞來混官。行墓運，卽是官星入墓，經云：「煞官混雜不窮則夭，旺煞投墓住壽難延。」所以正官格只喜向祿臨財，如此消詳，萬無一失。」按萬育吾以爲取官看印，有印，卽「正官佩印」之意。然六神篇云：「正官佩印，不如乘馬，」詩釋曰：「正官無印本無權，佩印如何又不然？只爲印多官洩氣，不如乘馬得高遷。」此中消息，亦宜參看。

三命鈐云：「正官各稟五行，皆可以其性推之。（一）如以金爲官，主職位清峻，多掌刑獄錢穀之任，決斷明敏，遇行年太歲在丑爲官庫，主喜。亦取旺相休囚，有氣無氣言之。（二）若以木爲官，主品秩清高，和俗守愼，遇行年太歲在未爲官庫。（三）以火爲官，主官序炎赫，爲性猛烈，用刑慘酷，亦主發歘不常，遇行年太歲在戌爲官庫。（四）以水爲官，主職卑位下，級陞序進，謙和得衆，矜恤孤寡，亦有道性。遇行年太歲在辰爲官庫。（五）以土爲官，主官序穩當難侵犯，厚重質直，法令分明，遇行年太歲在辰（按土長生在巳，以丑爲庫，三命鈐以辰爲庫，恐悞。）爲官庫。

六神篇云：「爭正官不可無傷。」釋云：「官星一位比肩重，爭奪之門最有凶，傷盡直須官不用，自無冰炭到胸中。」又云：「官居煞地，難守其官。」釋云：「正官純雅煞奸頑，荊棘同居特立難，情性豈無君子恨，豎冰當道虎當關！」按所謂官居煞地者，乃四柱煞旺之謂也。如辛日干，生丙午月，年日時見寅戌，寅午戌合成火局。丙爲正官，午爲七殺，煞旺成局，官不能敵，所謂「官居殺地」也。官居殺地者，官亦變殺。又云：「財官再遇財官，貪汙罷職。」此蓋指財官旺者而言。若財官弱者，喜行旺鄉，不以爲忌。

通明賦云：「祿得天時，奇花生於金帶。」按祿，謂官祿也。「天時」指時上天干。

古歌云：「正官須在月中求，無破無傷貴不休，玉勒金鞍眞富顯，兩行旌旄上瀛洲。」

按取正官以月令爲主，乃常理也，然不可過泥，其說見上。

又云：「正氣官星月上推，無衝無破最爲奇，中年歲運來相助，將星公侯悅可爲！」此言官星輕者，故喜歲運相助。

又云：「月上官星只用支，更宜財氣到年時，若還四柱無衝剋，富貴雙全折桂枝。」財能生官，若年時有財，則能資扶官星。

又云：「八月官星得直名，格中大忌卯和丁，若還柱內去其忌，運亦如之眞顯名。」此言，忌卯衝提劫財，丁傷官。八月金氣乘旺，金主戰，故云「得直名。」

又云：「辛日透丙月逢寅，格中返化發財根，官星不許重相見，運到衝刑怕酉申。」辛日以丙爲官，寅中甲木爲財，財旺固能生官，然丙辛若合而化水，則返生寅財，故曰「格中返化發財根。」若再見丙字則破格。

又云：「己干爲主透官星，須要提綱見丙丁，金水相生成下格，火木均勻大有名。」丙爲印綬，故喜見之若金水相生，則印綬無氣，故成下格。但丁爲倒食，除別有制用外不喜見。

此云喜見丙丁，恐有悞。

又云：「壬居午未兩宮中，先要根源見水通，亥卯未中傷帶煞，主干何處可亨通？」午未兩宮，均有己土爲壬正官。以壬生午未助月，在休囚之地。故喜年時有水相助。卯爲壬水死地，若合而成局則亥亦化木，不能爲壬之助，卽祿被合而非壬之祿，故云：「主干何處可亨通」也。

又云：「大抵官星福要眞，正偏雜亂必無情。露官藏煞多爲福；露煞藏官大禍興！」此言正官宜純宜露也。

又云：「正官與旺喜身強，遇印逢財大吉昌，七煞傷官并滿合，刑冲破害大無良。」

又云：「無冲無破最可奇，福祿增榮壽亦彌，歲運若逢身旺地，公侯將相福相隨。」

又云：「年上官星爲歲德，喜逢財印旺身宮，不逢七煞偏官位，富貴榮華比石崇。」

又云：「官星不可被刑冲，官煞同來吉變凶，化煞爲官方是吉，化官爲煞禍重重。」化煞爲官者，如正官得祿或成局，而柱中有食神制煞，日主有根身強，則煞受制而化偏官。

又云「印多官多爲貴命；官旺身衰反爲病。官多身旺化爲財；財旺身衰貧病併。」官旺身衰，則必有官無印，身不任官，故反爲病。

又云：「正官大抵要純和，四多無傷擬巍科，時上喜通財健旺；柱中欣見印生多。提綱獨遇爲眞貴，年位重逢乃太多，別處若更來七殺，反爲辛苦受奔波。」

第三節　正官別格

上節所述，皆眞正官格也。尙有正官別格，茲亦一併加以說明，以資參考：

（一）福貴格　亦稱天福貴人，卽月上官星坐祿之謂。如乙日干遇庚申月，乙以庚爲正官，庚祿在申。若時上有財或印助之，則其人必擅文翰，官職崇高。若官星坐祿在時上，則宜得月令旺氣。

（二）官貴格　卽官星坐天乙貴之人謂也。如甲日干生人，遇辛未，辛爲正官，未乃甲之天乙貴人，謂之「貴人頭上戴官星。」六神篇云「貴人頭上戴財官，用充駟馬。」是也。此格喜有印祿，且須與生日甲子在一旬之內。若在他旬，發福較緩。若反傷納音，則吉亦大減。

（三）坐祿格　卽日干坐官格也。各按五行而不同。經云；「金若遇火有重權，防禦刺史臣。（如庚午庚戌辛巳辛未等日）水若遇土入官局，可淸侍郎祿。（如壬午癸巳癸丑癸未等日）木若遇金主傷衰化煞爲權勢若雷。（如甲申甲戌乙巳乙酉乙丑等日）火若遇水主兵權，爲將鎭三邊。（如丙申丙子丙辰丁亥等日）土若遇木爲正福，八座三台福。（如戊辰戊寅己卯己未己亥等日）」按此卽白虎持世等格，須日主與官貴兩停，不宜偏枯。如有刑衝破害，則損貴氣。如庚日生人，以午中丁火爲官，喜見甲乙寅卯生官，卽生身，忌丙煞雜官，癸水傷官，子午相衝，餘干類推。一云：日干坐官，不忌衝。如執物在手，無可奪之理。主爲人伶俐好色，機變有謀，若只日下一位行財官運方發。若生月帶祿支坐財官，生時得地，方爲眞貴。古歌云「座下官星最是奇，多因祖陰見根基，若能行往印鄉去，脫卻青衣換紫衣。

（四）歲德格　卽年上正官格，不論干支皆可取，喜忌與月令正官同論。遇此必爲宦族祖蔭。若月居財官分野，運向財官旺地，日主健旺，貴無疑矣。凡年干遇官，福重而發達早。古歌云：「年中正祿是根芽，必主生身富貴家，運氣喜逢身旺地，財生印助福無涯。」又歌云「年上官星爲歲德，喜逢財印旺身宮，不逢七煞偏官位，富貴榮華莫與京！」

（五）時德格　即時干或時支見官星是。時上官星發福多在晚年（時管五十歲後）或生賢子，須有印助，月令通生旺官氣，見財，或行財官運，或行印旺運，方能發。古歌云：「正官有用不須多，多則傷身少則和，日旺再逢生印綬，定須平步躍高科。」

（六）向祿臨官　經云：「向祿臨官格最稀，逢之官早拜丹墀。」如戊戌己未乙丑丁丑，坐下丑字中藏癸水爲印，金庫爲官，巳爲財，生於六月中氣後，土旺生金，向祿貴也。

（七）官印祿煞俱全格　四柱官印祿煞俱全，各須生旺，方貴。如：戊申　己未　壬子　辛亥　壬日干坐子自旺，歸祿於時支。月上己爲正官，坐未帶刃，自旺。年上戊爲七煞，坐申自生。亥爲壬祿，藏辛爲正印，臨官居申是也。經云：「官印祿煞俱全，八座鈞衡之任；」

（八）雜格　此外尚有五官會聚，官貴三合等種種雜格，皆隨意立名，可以理推。且此種雜格未必皆吉。如五官會聚並無制伏，日主又休囚，則其人必夭折，是也。茲不詳列。

第四節　偏官（無制名七煞）

偏官者，與正官同一五行，而陽見陽，陰見陰，不成配偶，故曰偏。又以十干隔七位相剋，故亦名七煞。七煞係一兇暴有力之人，如制伏得宜，則爲我用，而名偏官。若無制伏，則必爲我害，祇名七煞，不名爲偏官也。

凡四柱有煞透，而日主健旺，印綬相助，則爲煞印相生。如身強煞弱，喜見財星，若煞強身弱，更遇財星，則爲財引鬼氣，非貧卽夭，有食神制伏，則吉。又煞帶刃或合刃而制伏得宜，氣勢均衡者，則大有威權，主貴顯。

制煞太過，則煞無力，不可得而爲用。如食神有二三處，而七煞止一，則喜行煞旺之地。若行運再遇制伏，則煞無生氣，反爲不吉。然日主衰弱，七煞重逢，三刑六害，幷帶惡煞，則非窮卽夭。若更行煞運，必死無疑。

身弱煞強，喜行身旺運及食神運。身旺運可不受其害。食神運能制煞，必發。若煞強而日多專祿或坐長生，或値月令旺相，多帶比肩，同類相扶，則亦能化印爲權，運行印鄉，必然富貴。但遇歲運値煞，則禍延眉睫。譬如人逢盜刦，以力制盜，使爲奴僕。若遇生力盜匪來助，則盜必報仇，禍事立作矣。

經云：「甲逢庚敗凋零，枝葉根枯。乙遇辛傷消乏，本根苗損。炎炎丙火，遇壬而黑焰無光。燦燦丁紅，見癸而輝光自滅。戊臨甲位，須防轉福爲殃。己坐乙鄉，自是祿元有損。庚遭丙戰，勢自傾危。辛被丁傷，剋伐爲害。壬逢戊土，蹇澁難通。癸就己鄉，奔波難保。干祿生旺，可以扶持，惟喜刃來，自能合制」按：此就通常立論也。所謂刃來合制者；如丙生人見壬爲煞以午爲刃：午中有丁火，與壬煞合，化爲木，反爲丙印，則有權有印有刃，較之制伏者尤貴。蓋制伏猶力制，此則以德化也。

又云：「五行遇月支偏官，只許地支一位。」蓋月支爲煞，則乘月令旺氣，若更見於其他干支，則煞太旺難制，故只許一位也。

又云：「四柱純煞有制，定居一品之尊；略見一位正官，官煞混雜反賊。」按四柱煞旺有制，更運行身旺，官多清貴，

又云：「身煞俱旺無制，行煞旺，雖貴不久。柱中七煞全彰，身弱極，無壽窮夭。」

喜忌篇云：「神殺相絆，輕重較量。若乃時運七煞，見之未必爲凶；月制干強，七殺反爲權印，」按此卽時上一位貴格，忌別位再見。若再見則命多辛勞。喜日干生旺，不畏刑剋羊刃。其人性必剛執不屈。

又云；「月令雖逢建祿，會殺則凶；官星七殺交差，合殺爲貴。」
又云：「四柱殺旺，運行身旺，爲官清貴。」
又云：「柱中七煞全彰，身旺極貧無救。」注云：「傷官乃祿之七煞，敗財乃馬之七煞，偏官乃身之七煞。四柱有之，雖身旺建祿，不爲富矣。」
又云：「偏官時遇制伏，乃是貧儒。」此言制伏太過。
繼善篇云：「七煞喜逢制伏，不宜太過。」如一煞見一食，則爲正制。如一煞而見數食；或煞本休囚，而食神過旺，皆爲制伏太過。行煞旺運尚可，更行煞死絕地，貧夭。
又云：「非夭則貧，蓋是身衰遇鬼。」此言日干衰弱，更遇七煞無制，則非貧卽夭也。
又云：「以殺化權，定作寒門之貴客。」凡透殺而有制，日干生旺，則殺化爲權，雖其人生於寒門，亦必富貴。
又云：「爲人好殺，羊刃必犯於偏官。」歌釋云：「羊刃若逢七殺，主人心毒害民，徒然富貴不能長，志大聲高氣象。甲日見庚爲殺，卯來爲刃分明。若逢印吉好求名，逢殺亦宜看刃。」

又云：「身強殺淺，化殺爲權；殺重身輕，終身有損。」

六神篇云：「七殺用財，豈宜徙祿。」詩釋云：「財星生旺殺傷身，四柱全無倚靠神，棄命相從成貴象，運行得祿受孤貧。」

又云：「歸七煞，最嫌有制。」按棄命從殺，不宜更見制伏。若再遇食神，必遭橫禍。

又云：「殺在官鄉，豈能變殺。」詩釋云：「殺多堅佞性偏剛，混入官星禮義邦，頑石豈能成變化，依然心事尙豺狼。」按此言殺星遇官旺，反增其勢，不能化殺爲權也。

又云：「殺無陰制，當尋伏敵之兵。」按此言殺露無制，當藏官或有無化合之處。若藏官有食神乘旺，或與殺化合，變爲財官印食，皆主吉也。

又去：「衆殺混行，一仁可化。」一仁，指一印。如有印綬，則七殺貪生忘剋，卽減其兇勢，故曰「一仁可化。」

又云：「一殺倡亂，獨力可擒，」此言食神制殺。

又云：「殺居印地，濟之以刑。」詩釋云：「偏印偏官坐一宮，不能爲福却爲凶，局中要解侵淩患，制伏還須用一冲。」

又云：「殺官欺主主須從。」此言棄命從殺格也。詩釋云：「孤主豈能支旺殺，無根端的好相從。他行他運成家業我遇身強業反空。」他行他運言行殺旺運。「我遇身強」言行身旺運。

又云：「權刃復行權刃，刃藥亡身。」殺化爲權者，以身晤殺淺故。若更行權刃之運，則殺遇旺氣，不爲權而爲殺矣，故反啓喪身之禍也。

又云：「刃強財薄，見殺生官。」詩釋云：『健逢羊刃一財輕，意欲生官不敢生，七殺俱來成配合，至避財困旺官星。」此言七煞合去羊刃也。如甲生人以辛爲官，庚爲殺，己爲財，卯爲羊刃。如卯木月令旺氣，則卯中乙木制己使己不敢生辛。倘有庚現，則庚與乙配合化金。己無剋制，卽可去生官星。故其釋如此也。

氣象篇云：「桃花帶煞，娼妓隸卒之輩。」注云：「桃花日時相見，是也。不惟忌刑合有情，尤忌五殺同處。（按各本皆作五殺，其實乃七殺之謂。）凡遇此者，不受禮義廉恥之教也。」接此說亦不可盡泥。如五行配合得宜，或殺化權印，亦不失其貴。惟女命別有官星，則屬大忌。

五行元理消息賦云：「當權者用殺而不用印。」
又云「食居先，殺居後，功名兩全。」注云「凡月令有食，時上有七煞者，主大貴。」
又云：「受職憲台之陰，偏官得地。」
又云「偏官之格喜傷官而怡身強。」
又云：「食神制殺逢梟。不貧則夭。」
四言獨步云「格格推詳，以殺為重，制殺為權，何愁損用？七煞制伏，旺中取貴。元犯殺輕，制卻為非。」
又云「煞不離印，印不離殺，煞印相生，功名顯達。」
通明賦云「月中遇殺命元強，黑頭將相。」
又云「七殺多根，須忌始終剋害。」按七殺以財為根。
定眞篇云「七殺如逢財助，其殺愈凶。」
又云「刃為兵器，無殺難存；煞為軍令，無刃不尊。刃殺兩顯，威鎮乾坤。」
幽玄賦云「七煞佩印，足為烏台之倫。」

又云：「七殺處長生之位，女招貴夫。」

蘭台妙選賦云：「殺爲武藝，印爲文華，有殺無印欠文彩，有印無殺欠威風。絕妙殺印雙全，宜其文武兩備。」

玄機賦云：「身強殺淺，殺運無妨。殺重身輕，制鄉爲福。」

玉照經云：「七殺咸池，楊貴妃身死萬馬。」

絡繹賦云：「殺臨子位，必招悖逆之兒。」

相心賦云：「偏官七殺，勢壓三公。喜酒色而偏爭好鬥。愛軒昂而扶弱欺強。性情如虎，急躁如風。」

天元賦云：「殺星重而行殺旺運，早赴幽冥之客。」

又定眞篇云：「七殺無制逢官祿，爲禍而壽元不久。」

又幽玄賦云：「日太柔，殺太重，聲名遍野。」按此須見印，則殺重生印，方成格局。

古歌云：「年上偏官爲歲殺，食神印綬福興隆，不會官星財旺地，題名雁塔漠然通。」

按有食神制殺，殺又生印，故吉。遇官則官殺混雜；遇財則殺旺不受制也。

又云：「七殺如逢制伏鄉，化權更喜本身強。運行制伏兼身旺，一貴朝堂姓字香。」

又云：「偏官最喜食神逢，印綬身強福祿濃。若見正官幷梟用，如逢死絕禍重重。」按見官則混濁；見梟則奪食。殺神無制，必爲大害。或印綬身主逢死絕，亦有奇禍。

又云：「偏官遇印化爲權，運助身強福祿全。最忌身衰刑及害，一生災病禍連綿。」

又云：「時殺無根喜旺鄉，月中七殺制高強。年干日下分輕重，貴賤高低取短長。」按時上七殺，如受月令剋制，喜行旺鄉。月中七殺，因乘旺氣，喜見強制。

又曰：「殺神原有制神降，制旺身強後必昌。若見制神先有損，反將富貴變災殃。」按制神，食神也。若歲運食神被傷，必有災禍。

又曰：「土臨卯位三合全，不忌當生金水纏。火木旺鄉名利顯，再逢坤坎禍連綿。」按三合全，指亥卯未三合成木局。卯爲己土之七煞。己土無根，則捨命從殺、故行運喜煞印生旺之地，不喜土旺及財旺也。

又曰：「六乙生人巳酉丑，命中切忌財星守。忽然行運到金鄉，管取平生壽不久。」按此就通常而言。酉中辛金，爲乙木之七殺。若運行金鄉，則七殺愈旺，必致殺身。若乙木無助無根，作捨命從殺看者，則歲運喜金，又當別論。

又曰：「陽水重逢陽水多，無根何慮破刑磨？格中有格須還顯，却忌官星破局多！」按壬水無根衰弱，若遇戊土，則捨命從殺，若見官星，則破格局。

又曰：「庚日全逢寅午戌，天干透土始為祥，重重火旺身榮顯，命處休囚忌水鄉。」庚日無助，如遇寅午戌局，官旺為殺，天干透土為印，煞生印，印生身，必貴。行水鄉則煞無氣，印亦無生氣，而格局破，故忌之。

又曰：「歲傷日主不和同，須要支干制伏重，煞旺喜行身旺地，初年難免一場凶。」按歲柱管前十五年也，故初年難免災患。

又曰：「月上偏官最怕凶，又名七殺十分凶，若沒制神相制伏，命在徒流斬絞中！」按月令偏官，旺氣甚重，故若無制伏，則最為凶惡也。

又曰：「時上偏官一位逢，身強殺淺怕刑衝，假如月上反重見，辛苦徒勞百事空。」按論時上一位貴格也，別處忌見。於月上別見，則其命反賤。

又曰：「時上偏官喜刃衝，身強制伏祿豐隆，正官若也來相混，身弱財生主困窮。」時上偏官，喜刃喜冲，財能生殺，雜官則凶。

又曰：「時上偏官一位強，日辰自旺貴非常，有財有印多財祿，列定天生作棟樑。」一作：「時上偏位一位強，本身健旺富非常，年月並無才官破，獨於時位最相當。」

又曰：「時逢七殺喜偏官，有制身強好命看，制過喜逢七殺運，三方得地發何難。」按「制過」一句，言制伏太過，則喜行殺旺之逢也。

又曰：「原無制伏運須見，不怕刑衝多殺攢，若是身家官殺旺，（一作若是身衰惟殺旺。）定知此命是貧寒。」

又曰：「陽木生逢巳酉丑，生逢子月貴當成。再行金水傷殘害，運到南方反福清。」

又曰：「七煞提綱本是愁，只因馴伏喜無憂，平生正直無邪曲，職位當封萬戶侯。」

又曰：「偏官不可例言凶，有制還他衣祿封，干上食神支帶合，兒孫滿眼受褒封。」按干上食神能制殺也，支帶合者能合殺也。合殺有二：陽日干爲羊刃；陰日干爲傷官，羊刃合殺有威權，傷官合殺稍次。

又曰：「身逢七煞是提綱，只爲干衰大受傷，正祿交差刑殺入，終身不免受災殃。」

又曰「月位偏官本殺神，有制還居一品尊。假若自身榮貴現，也須爲福及兒孫。」
又曰「月支偏官最忌衝，傷官羊刃喜相逢，日干旺相皆爲貴，制伏無過百事通。」
又曰：「若逢七殺化爲權，武職功名奏九邊。威鎮蠻夷勳赫奕，貔貅雲擁盡揚鞭。」
又曰：「干頭七殺命中嫌，制伏調和可作權，日弱又無制伏者，兢兢如抱虎而眠。」
又曰：「身弱殺強無制神，多生災禍不堪論，那堪更入官強地，躭疾遭刑喪此身。」
又曰：「制伏偏官太過時，貧儒生此更何疑。運行若遇財生旺，重振威光好發揮。」
又曰：「木干重殺露庚辛，月裏喜迎水木臨。歲運東南名利顯，水來却怕火和金。」按此言殺太重，若月令爲木則同類相助；若爲水，則殺可生印而忘剋。運行東南則身印旺，故吉。若月支是水則殺化爲權，運行遇火再制殺，固不宜；即運行過金太多，則殺氣過旺，亦不宜也。
又曰：「丙丁五月重逢殺，木火來臨大有功，金水運行身有禍，子來衝破最爲凶。」
又曰：「六丙生人亥子多，煞星歸印反中和，東方行運功名顯，運至西方事轉磨。」
又曰：「陰水多逢己字傷，煞星須要木來降。縱然名利能高顯，只恐平生壽不長。」

又曰：「寅月重逢寅午戌，庚辛爲主要安排。無根有土偏宜火，主旺無根怕火來。」按論甲乙日干也。甲乙日干生寅月，則日主已旺，又得寅午戌局制庚干七殺，則主旺而殺無根，故歲運怕火。若日主他無所助，而土甚重，則財能生殺，又宜火運以制殺也。

又曰：「乙干提丑支全合，煞旺身強格局高，金水行來名利厚，土鄉火地失堅牢。」

又曰：「甲乙若逢申，喜印暗相生，水旺金也旺，官袍必掛身。」

又曰；「甲乙生寅月，金多反吉昌，不宜重見水，火土是衣糧。」重見水，謂多見印綬也。

又曰：「乙木生居酉，莫逢全巳丑，富貴坎離宮，貧窮坤兌守。」

按古人看命，最重七殺，有：「有殺只論殺，無殺方論用。」之語。蓋七殺爲殺害日主之人，柱中若有七殺，應先看局中有無制合變化。若有制，或有合，或可變，或可化，則七殺不爲日主之害，方可看用，以定吉凶向背。若無制合變化，則縱有財官，亦無所用，即可斷定其命必屬貧夭，無須再看他物矣。

第五節　偏官別格

偏官格之別格頗多，其最要者如（一）棄命從殺格，（二）時上一位貴格，（三）

月支偏官格，（四）年殺格，（五）坐殺格等類，學者皆須加以研究。其古歌古賦，大都均已見於上節，茲從命理方面，加以研究如次：

（一）棄命從殺格。　凡日主衰弱，無根無氣，而七殺重見生旺，則日主既無自主之能，惟有從殺。此格須四柱無一點比肩印綬。若有一點比印救助，即不能從。遇此者，喜行殺旺運；若行身旺運，必死。四言獨步云：「棄命從殺，須要會殺。從財忌殺，從殺喜財。會逢根氣，命損無猜。」從殺喜財者，以財能生殺也。若逢日干生旺根氣，則命損毫無可疑矣。同一從殺格，然因剛柔而吉凶不同。陰干柔能從物，若從地支殺純者多貴。陽干不受制，從地支，雖殺純者亦貴，然較次。以五行而言，水火金土皆能從，惟甲木不能從。故經云：「棄命從殺論剛氣」也。又古歌云：「五陽坐日全逢殺，棄命相從壽不堅；如是五陰逢此地，自衰殺旺吉堪言！」又云：「西方金位坐臨柔，不怕休來不怕囚。鬼殺旺生多發福，功名催促上瀛洲。」五行元理消息賦亦云：「平生爲富爲賞，皆因殺重身柔，中途或喪或死，只爲運扶干旺。」皆此意也。故陽干殺重，多作殺重身輕看，須全無根氣，方作棄命看。

（二）時上一位貴格　亦稱「時上偏官格」，蓋取時上一點七殺也，他處不宜再見。若重見，必主辛苦勞祿。喜忌篇云：「若乃時逢七殺，見之未必爲凶。月制干強，七殺反爲權印。」言如月令有傷食制伏，日干生旺，則時上七殺反爲權印也。經云：「時上偏官身要強，陽刃衝刑殺敢當。制多要行殺旺運，煞多制少必爲殃。」若身不強，縱因行身旺運而得發，但運過依然衰敗。凡時上七殺，若柱中無財，宜自坐祿或坐旺。若有財，則不宜坐。否則殺旺難制矣。若殺弱而制重，則雖文章蓋世，亦是貧儒，難望發達。又時上殺星有制，主晚年得貴子。古歌云：「時逢七殺本無兒，此理人間仔細推。歲月支中如有制，定知生子貴而遲。」時上或月提帶殺，主其人性重剛執，不屈傲物，胆雄氣豪，高自位置。五言獨步云：「時上一位貴，藏在支中是，日主要旺強，名利方有氣。」

（三）煞旺歸庫格　即時上一位貴之別格也。如乙日干見辛丑時，辛日干見戊戌時，丁日干見甲辰時之類是。以時支爲七殺之庫，故名。古歌云：「庫內偏官名庫殺，刑衝破害最爲奇！運行制伏兼身旺，便是功名奮發時。」

（四）月偏官格　月偏官有三種：一者支藏干露，最強，喜年干透食，地支遇傷官或陽刃以合之。次僅月支一位，天干不透著，則僅須日主旺盛，有食神制之即可。又次僅月干透殺，若只一位，柱中又不見財，則雖有食神，亦不能發，喜行殺旺之地。其喜忌大都與時上一位貴相似。詳見上節所引古歌。

（五）年偏官格　卽年上七殺也。不喜制服，而喜日主健旺，羊刃或傷官合殺，柱中帶財，行財運最吉。最忌身衰，不能任殺。蓋年上干支，乃祖宗之位，年上七殺，猶如三朝老臣，須幼主英明有爲，始能竭其能力。若日主衰弱，則無力制御，必有擅權脅主者矣。凡八字遇此，必出身寒微，縱四柱行運有情，亦屬寒門之秀。若煞旺身衰，衝刑太過，必主貧窘。重者帶疾遭刑。又年上七殺，固不宜制伏，然若他柱重見則又宜制。若日主旺而制伏太過，或煞旺身衰，或官殺混雜，歲運亦然，則必爲碌碌之流。古歌云：「歲德壬來見戌年，財旺身強祿自然。更得運行財旺地，爲人聰慧又忠賢。」又歌曰：「年干七殺莫言凶，制合爲權最有功，若得身強無忌破，此身多入紫宸中。」餘可參見上節。

（六）坐殺格　謂日主自坐地支爲殺也。爲甲申，乙酉，乙丑，丙申，丁丑，戊寅，己卯，巳未，庚寅，辛未，壬辰，壬戌，癸丑，癸未等日是（申中有壬水爲丙之七殺；丑中有癸水爲丁之殺，未中有乙木爲己之殺，寅中有丙火爲庚之殺；未中有丁火爲辛之殺。）凡日干生生旺之月，如木生春夏，金生秋冬，則煞自有制，不喜明見。若生休囚之月，則亦不忌明見，却喜制伏。此格喜日主健旺，他柱不見官殺。尤喜印綬化煞傷官合殺。財旺身旺爲福。如日干孤立無助，殺旺無制無化，他柱再見七殺，或行殺旺運；其人必面有瘡瘢，矮小跛蹩，駢指瞽瘸，或奸貪暴戾，狠鷙難馴。大凡此格合格者多主武貴。若身臨生旺，印綬助身，有制中和，亦主文貴。剋重者則多貧夭。

（七）會煞格　卽四柱地支會合成煞局者是。如乙日干，遇巳酉丑地支全者是。喜印星明朗無傷，更無財星相助則妙。巳酉丑三字順序排列者佳，倒列者福減半，錯亂者又次。最忌歲運相會，旺財傷印，必有災禍。如柱中原有正偏財，歲運更逢，必死無疑。古歌云：「會殺爲權福最多，支辰合印致中和，日逢剋印臨年運，刑戮傷身可奈何？」又陽干見殺與他支相會，雖非正格，如併會印則名七殺會印格，大貴。如丙日干見亥卯未局，亥爲七殺，卯爲正印，會起印局，乃富貴之造。如歲運傷印破局則危。

（八）專殺無制格　煞旺無制，日主坐旺，運行旺鄉，爲專七殺當權，必暴發。如身旺運過後，仍遇刑衝制殺之位，亦平安得度。倘見殺旺，運必敗。此格最怕見刃，柱元帶刃，歲運重遲，縱不橫死，亦蒙惡疾。

七殺雜格，其重要者不過上述數格，若能更與上節參合觀之，則七殺正格（即偏官格）與其雜格之喜忌，思過半矣。

第六節　官殺混雜

喜忌篇云「官殺混雜，類有去官留殺，亦有去殺留官。」蓋局中官殺混雜者，當看他處干支有無去官或制殺之神。如四柱有傷官，無合無制，生旺有氣，則以去官論。如四柱有食，無合無制，生旺有氣，則以去殺論。

其次又須知官殺有難去易去之分。凡透干上者，以其露，故易去。在地支上者，以其藏故，難去。凡支藏官殺，須帶冲始去。如甲日干生人，時支有申爲殺，年上有午爲食神，本可去時上之殺，而未必能去。四柱如財旺，則殺根厚，須日支坐寅，寅申一衝，其殺方去。

其次又須知官殺雖去其一，而有留與不留之別。五陽日食神，能去殺，又能留官；五陽日傷官，則但能去官，不能留殺。必須年刃合殺，方能去官留殺。如甲日生人，以辛爲官，庚爲殺，若官重殺輕，有丙食神剋去庚金七殺，而與辛金相合，則爲去殺留官，有情而貴。若殺重官輕，得丁火傷官，剋去辛金，再得羊刃卯中乙木合庚，即爲去官留殺，有情而貴。五陰日食神，能去殺而不能留官，惟日主自能留之。五陰日傷官，則能去官，又能留殺。如乙生人以庚爲官，辛爲殺。若庚重而殺輕，僅須丁食一點，剋去辛殺，則日主乙與庚合，即去殺留官，有情而貴。若殺重官輕，得丙傷一位，剋去庚金，來合辛金，即去官留殺，有情而貴。

古歌云：「官殺相連只論殺，官殺各分爲混雜，食神重犯作傷官，迭見官星只論殺。露殺藏官只論殺，露官藏殺只論官，身強遇此多清貴，身弱重重禍百端。」神峯補云：「年干官星，月干有殺，或年干殺星，而月干有官，是謂相連，只以殺論。或年上爲官，時上爲殺，或年上爲殺，時上爲官，是爲各分，乃爲混雜。食神重犯，如甲見二丙，或見三合，則爲傷官。迭見官星，如甲見二辛，或地支重見；只以殺論。殺在干官在支，是爲露殺藏官，乃以殺言。官在干，殺在支，是爲露官藏殺，只以官論。身勢強健，則力能勝此官殺，多爲清貴之官。若身弱無氣，官殺重逢，則禍咎之來，不特一端已也。」

五行元理消息賦云：「去殺留官當論貴，去官留殺重威權。」又曰：「官星七殺交差，都以合殺爲貴。」按合有二義：一爲合去，即去殺留官。一爲合來，即去官留殺。

三車一覽云：「合官星不為貴，合七殺不為凶。」蓋官星乃貴神，而合非定貴。如甲日干以辛為官，被丙合去，則官非我之官矣，此所以不為貴也。又如乙日干以辛為殺，被丙傷官合去，則殺被合去，反作吉論，此所以不為凶也。學者試參閱上段合有「合去合來」二義，當可恍然矣。

喜忌篇云：「神殺相絆，輕重較量。」言局中若官殺混雜，須較量其輕重，以定其孰應去，孰應留也。

萬金賦云：「官星怕行七殺運；七殺尤畏官星臨。官殺混雜當夭壽，去官留殺仔細尋，留官去殺莫逢殺，留殺去官莫逢官，官殺受傷人必夭，更宜財格定前程。」

萬育吾云：「合官星不為貴，合七殺不為凶，蓋言合官，是柱中閑神，合去官星，所以不為貴。合殺是柱中閑神，與七殺合，是合去七殺，所以不為凶。若日主干支與官殺合，則合官為貴，合殺為賤。書云；「明殺合去，五行和氣春風，暗殺合來，四柱刑傷害已。」是也。若不分別日主與閑神，何以有合來合去之辨，蓋合去之法，如年月相合，去之不論，月時相合，亦去。日與年合則不可去。經云：「官殺兩停，喜者存之，憎者去之。」蓋言柱中正官七殺兩均相停，有物生扶會合者，其力專，宜存而留之。有物破損傷害者，其力散，宜棄而去之。官星有生扶，殺星有破害則去殺留官，反是則去官留殺。若俱有扶合而無破害，卽是官殺混雜，反爲貧賤。」

又曰：「四柱或有四位官，四位殺，當辨別以明者用之，藏者舍之。若無輕重，宜別其向時與背令以定去留。去留不淸乃爲混雜，如甲生七月上旬，爲殺（庚金）得令，縱有丙火，亦不能去。」

官殺雜見之格，最宜身旺。若日主生旺，自能化殺爲官，不須他物。如甲寅日見庚，則坐祿自旺，自抱火氣制庚，不必再見丙丁。若生秋令，則木氣休囚，庚金得令，却須丙丁極力制之。原無制神，到制地方發。

古歌云：「壬水相逢陽土時，心懷忿怒起爭非，忽然癸水來相救，合在凶頑不見威。」此以羊刃合殺，卽貪合忘殺之例。

又云：「壬逢己土欲爲官，蓋被靑陽（甲木也）起訟端，引誘合將眞貴（指己土爲壬官貴）去，致令受挫萬千般。」此以食神合官，卽貪合忘官之例。

又曰：「合貪不但忘官殺，印食兩忘亦可憐，惟有格中忘殺貴，兩忘官殺不成權。」凡命中官殺難見俱被合去者，主其人貧賤勞苦，故云不成權也。

又曰：「去殺留官仔細詳，食神廚位要高強，不逢偏印來傷用，財旺生官大吉昌。」

又曰「去殺留官造化奇，個中消息有誰知？有情剋合多榮貴，月桂高攀第一枝。」

又曰：「局中官殺兩頭窺，羊刃重重或助之，八字純陽偏印重，位高身顯佐明時。」

司馬季主曰「旺迅逢鬼鬼化官，衰迅逢官官化鬼」按此卽官殺互變之論也。凡命主有氣而旺者，殺雖多，亦化爲官。此如主人有力，則惡僕自伏也。若命主無氣而官星有氣，則官星亦化爲鬼。

第七節　正財

正財，卽受日干剋而陰陽互見者，在資用爲財，在六親爲妻。凡命中財旺者，喜身旺，方能任其財。若身衰，則不能用其財，反以召禍。故財雖爲有用之物，而不喜重疊多見；且不喜偏正混亂。再加身旺能任其財，方可發福。如財多身弱，柱無印助，比刼重疊，財少身強，皆非富格。

逸叟云：「逢財喜殺而遇殺十有九貴。理雖甚顯，而含意難明。此蓋指日干旺，比肩兄弟多者而言。蓋比刼乃分奪我之財者也，故喜殺以者之，而存起其財。若身弱財多，再見七殺剋身，則自己性命且不可保，安能享用其財乎！若財星衰弱身主旺，則喜食神傷官以生起其財；若身主弱，財星多，則喜兄弟比刼以分之；父母印運以助之。凡用偏財者，多主富貴。用正財者，多不及。蓋陰剋陰，陽剋陽，財神有氣，用時日偏財尤美。此以試驗之多，故知用偏財者爲上格。若有比肩間隔不純和則不美。」

經云：「財多身弱，反爲富屋貧人，」

四言獨步云：「先財後印，反成其福；先印後財，反成其辱。」按此乃就八字格局而言，如先見印，則不宜見財，蓋以財能剋去印綬故也。

萬育吾云：「若月令得財局，身衰逢印資助，當作富命看。但先見印，則怕見財。又用財雖不宜明露，但柱見比刼，則宜透出使人共見，則不能奪。賦云：「財宜藏，藏則豐厚，露則浮蕩」是也。凡財格喜見官星顯露，別無傷損，或更食生印助日主健旺，富貴雙全，如干支見煞亦能享用，即逢財看殺之義。大怕梟奪，則不能生刃，有財亦不能享。庫逢空則不能聚。」

又曰:「財爲養命之源，凡八八字，不可無財，但不要太多，多則不淸。若原柱無財，而行財運，乃有名無實。如財多身弱，又行官鄕財旺之地，見財生官，官剋身，不惟不發祿，且禍患百出。」

又曰:「財爲馬，官爲祿，二者不可缺一，實難兩全。原有財星，宜行官運。原有官星，宜行財運，行財運生官；行官運發財。若柱中原無官星，只是財多，又行財運，亦能成就名利；間有登科者。蓋財不畏多，多則暗生官也。須得身旺，方能勝任，若無財而多官，身受其制，反爲不吉。柱中無官，只取有財爲福。」

又曰;「財官與煞，用月支者，所謂以支爲命。月干者，所謂以干爲祿。若月支有財官，干頭不露，自足爲福。若地支無財官，干頭明露，乃虛空無實之命。縱行旺運，亦不濟事。苟月支無，而年時日支有，亦可取用。月支坐財官，謂之得時。日支坐財官，謂之得立，時支坐財官，謂之有成。得時爲上，得位次之，有成又次之，得兼一二，尤妙。年主祖父富貴，中年後無用。惟庚辛日生於正月，別位有火爲殺，以剋庚辛，雖年月見寅卯，亦無祖財，一生熬煎。遇發財處，必成災禍。以木旺生火，害日干之金，天元羸弱，財黨殺，主不能爲福。」

華夏哲理闡微社版

又云：「正財之格，主人誠實，行事儉約，賦性聰明，惟有慳吝。若財旺身弱，主妻乘男權，持家幹蠱；又主有好子替力，反得優游之樂。運行比劫，妻妾多危。」

按財多身弱，經云反爲富屋貧人，而萬育吾乃謂有好子替力，反得優游之樂，何也？不知此就日主有根有氣者言之耳。若日主有根氣而無殺，則雖衰弱，亦可享財。若日主衰弱而無根氣，又不能從財者，則雖有財星，亦不能發福矣。

六神篇云：「七殺用財，豈宜得祿？」又曰：「印逢財而罷職，財逢印以遷官。」按殺旺而日主無依，又加用財生殺，則日愈弱而殺愈旺。自僅可棄命相從，運行財殺旺地，不妨，若遇歲運歸祿，日主持強而與殺戰，以寡敵衆，勢必招禍。用印者如遇財則印壞，故罷職。用財者遇印，則印生身，能任其財，故反遷官也。

又云：「貪財壞印，擢高科，印分輕重；遇比用財，纏萬貫，比得資扶。」按財能剋印，故貪財者必壞印。然亦有印逢財而擢高科者，此則由於印有輕重之故也。如印重殺輕，終不能貴，須行財運，剋太過之印，生不及之殺，則殺印兩停，始能發福。又用財者忌比劫分財，固是。然有時亦有喜比者，凡遇有強殺相制，日主不能用財，則反喜比肩生扶，始可解殺之圍也。

又云：「運到旺鄉身反弱，財逢刼處禍猶輕。」財重日干輕，而未能棄命從財者，若運行身旺之鄉，則既不能用財，又不能從財，以與財爭。必蒙財累。反之若遇刼財刼奪分去其財，其禍反輕也。

又云：「財不有傷，還忌陰謀之賊。」局中有財而無比肩傷害，固佳。但地支中有比刼暗藏者，仍有被陰謀刼奪之慮。

又云：「財勾六國之爭」凡局中有比刃而無財者，不爲禍。若有財；或歲運行財，則比局混刼，必有破產耗財，刑妻傷子之禍，不可以福論也。」

又云：「兄弟破財財得用。」凡日主專祿，局中多比肩，而不見財官者。則不能取用。然可藉兄弟以冲起之。如庚申日主，多見申字，則暗中冲起寅字爲財爲用。但忌塡實。如歲運見寅多不利。又或不用冲而用刑者，次之。

又云：「財隔生庫破生宮，兼奉兩家宗嗣。」凡看命，以印爲母，以財爲父。財貴則印自榮，故論人根基父母，必以看財爲先。若財有長生之宮又見墓庫局中有神破刼所生之宮，無犯於墓庫者，則必爲螟蛉過繼之兒。

又云：「財官再遇財官，貪汚罷職。」

又云：「財旺身衰，逢生卽死。」按此卽「運到旺鄉身反弱」之意。

繼善篇云：「納粟奏名，財庫居生旺之地。」

又云：「一世安然，財命有氣。」凡八字財命俱旺有氣者，則有財可以資用；身旺可以任財，故能一世安然也。

又云：「月生日干，運行不喜財鄉。日主無依，却喜運行財地。」按「月生日干」卽月支印綬，日干値生旺，不宜見財壞印，故歲運不喜見財。無依謂無印綬，而日干自旺，如甲乙木生於春月，或坐祿，則喜行財運，以洩日干之氣，且以財生官而發福也。舊註以財官爲「依，」謂「無依」乃無財官，故喜行財運。不知正印格雖無財官，亦不喜見財，「無依」之非指無財官，其理甚顯，舊注誤也。

蘭台妙選云：「財庫空虛，則衣食輕如繳繒。」按謂財庫在空亡也。

三命通會云：「身弱財多，喜兄弟羊刃爲助。」

又云：「財星有破，棄祖業別立他鄉。」

又云：「財星明朗，喬木相求，財星入墓，必定刑妻。支下伏財，偏房寵妾。」萬育吾云：「大運流年，三合財鄉，必主紅鸞吉兆。」

玄機賦云：「財多身弱，畏入財鄉。」按此就非棄命從財者而言也。若日干孤立無根氣，救助作棄命從財看者，則反喜財鄉，若遇身旺運，反為禍階矣。

又云：「財多身弱，身旺運以為榮，身旺財衰，財旺鄉而發福。」按此有例外，參見上段。

通明賦云：「財逢印助，相如乘駟馬之車。」按用財喜印，用印者則不喜財。蓋用財喜印，以印能助日主，日主強則能任用其財也。故日主本強而財星頗淺者，則不喜印。學者宜參究之。

千里馬云：「逢財忌殺而見殺，十有九貧。」按此指日干衰弱，而又不能捨命者而言。蓋日干衰弱，已不能任用其財，若再見殺，則財生殺，殺剋身，其為貧夭之格顯然矣。惟捨命從財者，見殺不忌。

又云：「財源被劫，父命先傾。」按此以正財為父也。

又云：「男逢財多身弱，妻話偏聽。」此以財為妻也。

又云；「財星得位，因妻致富成家，」按四柱中以日干坐支爲妻宮，如財星守之而又生旺無刑傷破害，則爲得位。有此格者主因妻致富。

又云：「財遇長生，田腴萬頃。」按此指干透財星而坐長生也。如戊日干生人而見癸卯，癸生人見丙寅之類。但有刑破傷害者則屬例外。

又云：「財旺生官，白身榮顯。」

五行元理消息賦云：「大貴者，用財而不用官。」按官星乃制我之神，財星則爲我制之神。我受制者，雖貴有限；我制人者，始乃大貴也。故云。

又云：「孤寡者，只爲財神被奪。」按正財爲父，又爲妻，故財神被奪者，主傷父剋妻而孤寡也。

寶鑑云：「范單孤貧，五行財重。林皐九子，財旺生官。」此言同一財旺，而吉凶不同也。范單財重而孤貧者，以身弱不能任其財也；林皐財旺生官而九子者，以日主強也。學者宜消息之。

定眞篇云：「財旺生官，少年承澤。」此亦日主強者。

祕訣云：「財生身旺兩相停，不喜比肩再見。」按財多身弱者，喜見比肩分財，以殺財勢；而扶日元。若身財兩停，則忌見比肩分取其財。

萬金賦云：「只怕日主元自弱，財多生殺趕身衰。財多身弱行財運，此處方知下九台」。

萬祺云：「正財逢生旺而優游享福，遇刼財則晦滯呻吟。官星若見，平生招惹是非。七殺若逢，處事少成多敗。財多身弱，要印扶身；身旺財衰，怕刼分奪、財食入庫者福厚；倒食求財者貧夭。」

古歌云：「財星忌透只宜藏，身旺逢官大吉昌。最怕弟兄來會合，一生名利被分張，」

又云：「身弱財多不為奇，比肩多值却相宜。用財必須當看殺，柱逢殺旺亦為非。」

又云：「正財喜旺食豐盈，日主剛強力可勝。若是財多身自弱，平生破敗事無成。」

又曰：「正財還與月官同，最怕干支遇破衝，歲運若臨財旺處，須教大富勝陶公。」

又曰：「財多身弱本堪愁，印綬遭逢更可憂。縱有祖基多破敗，遠離桑梓度春秋。」

又曰：「財神身旺喜官星，運入官鄉發利名。若見比肩分奪去，堆金積玉也須貧。」

又曰：「日主無根財犯重，全憑時印助身宮，逢生必喜家興業，破印紛紛總是空。」

又曰：「正財無破乃生官，身旺財生祿位寬，身財弱多徒費力，劫財分奪禍多端。」

又曰：「身弱財多力不勝，生官化鬼反來侵，財多身健方為貴，若是身衰禍便臨。」按用正財必須日主健旺；否則棄命從財亦可。若既不能從，又不健旺，則財旺生官，官反化鬼，乃下格也。

又曰：「正財最忌劫財神，破害刑衝不可論，歲運那堪逢刃地，命縱無損亦遭迍。」

又曰：「財星得位正當權，日主高強名利全，印綬若逢相濟助，金珠滿櫃福綿綿。」

又曰：「身旺無官只取財，財神衝破却為災，身衰財旺還非福，官盛身強福祿臻。」

又曰：「庚辛卯月多逢木，日主無根却怕財，離震二方多有破，若逢身旺福還來。」

又曰：「財多全仗印扶身，喬木家聲有舊名，不但妻賢兒子秀，晚年財帛累千金。」

又曰：「財旺如何不發財？只因身弱少栽培。運到比肩身旺地，富貴榮華次第來。」

又曰：「財多身弱慢勞神，戶大家虛反受貧，親友交財常怨恨，眼前富貴似浮雲。」

又曰：「財多身弱力剛強，身旺之鄉大不祥，鳳寡鸞孤寒夜怨，房中妻哭兩三場。」

又曰：「財命相當是富人，安然一世有精神，流年縱使財傷害，小恙浮災不足論。」

又曰：「財多身旺兩相歡，身旺財多化作官。身弱財多財累己，是非競害起爭端。」

第八節　正財別格

正財之喜忌已如上述，然雜格尙多。茲詳釋如下：

（一）棄命從財格　凡日干衰弱無根而財星甚旺，則作棄命從財格看。四言獨步云：「陰火酉月，棄命從財，北方入格，南地為災。」雖亦論此格，而不甚切。陰火酉月，未必卽爲棄命從財。蓋火生秋令，雖屬財重，然酉亦爲丁火長生，若自坐旺，或有印比相助，反應作月支偏財格看。且北屬水，乃丁干之官殺，凡從財之命，皆忌行殺盜洩財氣。故四言獨步又云：「棄命從財，須要會財。」又曰：「從財忌殺，從殺喜財。」今云「北行入格」似必有誤。又凡從財之命，忌見身旺，救助歲旺，可參見偏官一節。

（二）歲德扶財格　卽年上見財星是也。如甲生人見戊己年。若財命有氣，主其人得祖遺財產。故經云「年上財官生於富貴之家。」惟須身旺，始堪當之耳。

（三）專財格　古歌云：「生時秀氣最難尋，甲日蛇時福衆臨。惟怕比肩分奪去，貧財成敗是非侵。」此以甲日見己巳時爲專財格也，喜財官旺相，忌比劫分奪。通考云：「如庚辛日見寅卯時，壬癸日見巳午時，丙丁日生申酉時，戊己日生亥子時，皆專財格」按專財格係從干不取支。古歌單引甲日見巳時者，以甲日己巳時，己爲甲木正財，巳爲己土旺鄉，己巳乃以正財坐旺而日干將財星合來化土爲貴。若乙見戊寅時，則財星坐劫財。丙日見辛卯，則爲財星坐敗地。丁日見庚子時則爲財星坐死地。戊日見癸丑，則財星坐劫財。己日見壬申爲財星坐長生，雖可取，而己與壬不合。庚日見乙酉時，則爲財星坐劫財。辛日見甲午，則爲財星坐死地。壬日見丁未，財星坐冠帶，雖不惡，然亦無可取。癸日見丙巳時，雖財星坐旺，而丙癸不合。故古歌僅取甲日見己巳時爲入格也。通考取支上正財，已誤。且支上正財，亦非盡不取。如庚辛日見寅卯時，辛日見寅爲庚寅，有劫財分奪，何可取乎？學者宜詳之！

（四）財旺生官格　凡局中正財生旺，干支不見傷食官殺者，名財旺生官格。如見傷食，則不能生官。見殺，則財旺生殺，亦不生官。若見官，則雖無傷食七殺，亦只爲財官格，不爲財旺生官格也。繼善篇云：「富而且貴，定因財旺生官。」凡有此格者，主因富而貴。但若爲月令正財旺，則爲月支正財格，亦可不藉富而發貴。

（五）財臨庫墓格　凡日干坐臨財庫者，謂之財臨庫墓。木庫在未，故金日干見未支爲財臨庫墓，生於冬，旺於春。水庫在辰，故土日干見辰支爲財臨庫墓，生於秋，旺於冬。火庫在戌，故水日干見戌支爲財臨庫墓，生於春，旺於夏。金庫在丑，故火日干見丑支爲財臨庫墓，生於夏，旺於秋。最喜坐支，故以辛未戊辰壬戌丁丑爲正格。辛以未中乙木爲財，戊以辰中癸水爲財，壬以戌中丁火爲財，丁以丑中辛金爲財。其次居時支者，亦稱財庫，若生生旺之月，主一生財帛豐厚，因財致官。故經云：「納粟奏名，財庫坐生旺之地。」又古歌曰：「辛干坐未休嫌弱，土透天干反有功，身旺何愁財殺旺，傷提方見壽元終。」

（六）天元坐財格　即日支爲財也。如甲辰，甲戌，乙丑，乙未，丙申，丁酉，戊子，己亥，庚寅，辛卯壬午癸巳等日干生人是。喜印生身，食生財，忌比劫分奪，并忌歲臨官殺。喜忌略與上同。

第九節　偏財

偏財乃衆人之財，故忌比劫分奪，若見比劫，喜柱上有官星制之。若無官星，則禍患百出。故經云：「偏財好出，亦不恒藏，惟怕分奪，及落空亡。」亦喜財命兩旺。若得地，亦能旺官，不止發富而已。若柱中原帶官星，卽屬好命。但比刼多者，維發福，亦必破偏財。

凡偏財格，主性情慷慨篤義有情而多權術機變。但柱中現官星者則爲人忠厚，雖有權術，而不輕用害人。又偏財結局在日月支中者，則比刼雖多，亦不貧困，行財旺地，可以發福。

凡偏財格，若見刑冲破害，（但日干坐財庫者不忌刑冲。）比刼分奪，（有官制伏者較可。）或財星太衰，日干太弱，或財多生殺，則皆爲破祖勞碌之命。

財多身弱，喜行生旺之運。若行休囚之運，則百事不成。

用正財與用偏財不同。用正財而身弱者，喜行比刼運以助其勢，則可發福。用偏財而身弱，只喜行印運，不喜行比刼運。若行比刼運，則破偏財也。用正財者不喜行官運以洩其氣；用偏才者則喜官星以制比刼。

用官者不如用財，用正財者又不如用偏財。蓋偏財乃衆人之財，主得人助，且慷慨好施與。若偏財厚實，其福甚深。

偏財最忌比刼，然亦因生地而不同。生年上者最忌；坐月上者次之。

其餘喜忌俱與正財相同，參見正財一節。

相心賦云：「偏財透露輕財好義，愛人趨承，好說是非，嗜酒貪花。」按偏財為衆人之財，又非妻財，故輕財而好色也。

六神賦云：「偏財身旺，趨求商賈之人。」偏財為衆人之財，身旺則能任其財，為商賈以向衆人求財。行財旺運，可發福。

奧旨云：「偏財能益算延年。」

古歌云：「偏財格遇最難明，日旺却從高路行。一世因財人謗訕，財多身弱惹災生！」

又云：「偏財非是自己財，最怕比有同位來，劫敗不逢日主健，家貧當發孟嘗財。」

又云：「偏財原是衆人財，最忌干支兄弟來，身強財旺皆為福，若帶官星更妙哉。」

又云：「若是偏財帶正官，刦星若露福難干，不宜劫運重來併，此處方知禍百端。」

又云：「偏財身旺要官星，運入官鄉發利名，姊妹弟兄分奪去，功名不遂禍隨生。」

又云：「偏財財位發他鄉，慷慨風流性要強，別立家園三兩處，因名為利自家忙！」

又云：「偏財別立在他鄉，寵妾嫌妻更尅傷，多慾有情妻妾衆，更宜村酒野花香。」

按偏財在六親配合爲妾，爲他人之妻，爲無主之女，故此格多貪色多慾。惟月干透官則不然，雖喜色而不貪花，能以禮自持。蓋偏財非正，生官則正，由邪入正，故其驗如此，不可一例推也。學者詳之。

第十節　偏財別格

偏財諸格，以時上偏財格爲最要。茲解釋如下：

（一）時上偏財格　時上偏財，與時上偏官相似，別宮不要多見。喜財旺運。喜忌篇云：「時上偏財，別宮忌見。」又云：「時上偏財，怕逢兄弟。」最好支藏干透，不然地支結局者亦妙，若柱有官印，日主健旺，便是好命。然怕年月衝破，兄弟輩出，則福氣不全。大凡偏財格人能聚財，亦能散財，不作守財虜，與正財格之聚而能守者不同。景鑑云：「偏財時上，慷慨淸輕。最宜身時財旺，切忌刼透比逢。主旺兮崢嶸仁路，日柔兮縱富決貧。」通明賦云：「時上偏財身主旺，白屋公卿。」其喜忌可見矣，

凡時上財偏格，多主晚達。早年之財，雖行好運，亦能聚能散；且多背鄉離井，在他鄉立業，白手成家。

古歌云：「偏財時上喜干強，運入財鄉發祿難，兄弟更來相劫奪，縱然富貴也多慳。」

又云：「時上偏財一位佳，不逢衝破享榮華。敗財刧刃還無遇，富貴雙全比石家。」

又云：「時上偏財與殺同，不逢破害與刑衝，柱中不見官財殺，方與來尋此格中。」按偏財格固不宜見正財及七殺。蓋偏財如次妻，見正財如見大婦，自應以大婦爲主也。見七殺則財旺生殺破格。（但有食神制之或合化者不忌。）且喜見官星。蓋官星有可取用不能取用之別。若偏財見官而不能取用，則仍論偏財格，學者宜加參究，勿因此歌而拘泥也。

又云：「偏財時旺是英豪，羊刃無臨福祿高，結識有情宜慷慨，若還身弱漫徒勞。」

又云：「若見偏財遇刧星，田園破盡苦還貧，傷妻損妾多遭辱，食不相資困在陳！」按此所以偏財喜見官星也。蓋有官星則雖見比刧亦能制之。如盜匪來刧財，而有官制之，則不爲我害耳。

又云：「時上偏財刧最忌，兄弟之輩皆爲畏，喜行身旺官祿鄉，別無透出方爲貴。」

又云：「時上偏財不用多，支干須要用搜羅，喜逢財旺兼身旺，衝破傷官受折磨。」

（二）日坐偏財格　日干坐偏財，成格者其人中年可達。其坐財成庫者，則亦名「

日坐財庫」（其眞者僅丁丑日，辛未日兩日。）

（三）月令偏財格　亦只要月中一點，他柱忌見，而財命兩旺，無刑衝破敗者，主少年得志。但若生時不佳，偏財被破，或臨刧敗，更運行凶地，則晚年必破耗祖財，家困而死。

（四）年上偏財格　年上偏財若値月令生旺，柱中通氣，主受伯叔祖者豐厚遺產。或外祀產業。亦要日元健朗，財星生旺，運行財旺發福。若見刑衝破害，比刧分奪，財星無氣，日主無根，四柱見殺，皆破祖財，一生勞碌。尤忌日時破敗，若日時失地，雖得遺產，中年以後，破耗無餘，窮困而終。

第十一節　正印

凡生日元之干支，而陰見陽，或陽見陰者爲正印。如甲見癸或子之類。凡局中有正印者，謂之日主有氣，亦云日主有根。

凡正印格，主聰明謹厚，言語愼訥，體貌豐厚，能飲食，少疾病。爲官多掌正印。但多不能惡施，近於吝嗇，而言止遲滯，亦其弊也。

印喜官星，故經云：「印賴官生。」又云：「有官無印，卽非眞官，有印有官，方成厚福。」

財能壞印，故正印格忌財。故經云：「貪財壞印，」又云：「月生日干無天財，乃印綬之名。」又云：「印綬生月，歲時忌見財星，運入財鄉，却宜退身避位。」按月上印綬，尤忌時干見財，末年大凶。

年月印綬明朗，並無傷破，多受祖蔭。但年上見印，而月日時無者，雖主祖宗顯達，然於本身無益，除有他格外，不得論富貴。

取正印爲用者，須取月干，次日干時支亦可，獨年干見，除歸祿於月日對外，不能取用。蓋年屬祖德，若歸祿於月日時而無破損者，則受祖蔭安享。如甲日人見癸年干爲正印，而日時見子支者，則癸祿在子。主受祖蔭得官富貴。

印綬格，喜多見與官殺及時上偏財不同。若印星只有一點，而官殺甚多，雖正印在日干，亦不取用，應論官殺。財多者亦然。故經云：「從化不成先論財官。財官無取，方論格局」也。

印綬能剋傷食，故印綬格成者，雖清貴，多無子，或子息艱難。其印綬重者，常清孤也。

正印格喜柱中有七殺一點，以爲生機。但殺不宜多，多則傷身，不能用印。若柱中無殺，運行殺鄉，謂之枯印遇根，亦可發福。

正印忌財，柱中有殺者尤忌之。若運入財旺之地，破壞印綬而生七殺，則殺變爲鬼，主有凶禍。故經云：「煞能生印，畏行財鄉，破而助鬼，決主不祥！」

印綬格忌運行死絕或入墓。故經云：「印綬入墓，則壽夭難逃，」

正印格又與財官格不同。凡正官偏官正財偏財各格，皆喜身旺，惟正印格則喜身弱，故忌比刼。除非柱中有財傷印，始喜行比刼運以制去其財，存起印星也。如無官殺財而歲運遇比刼者，乃平常之命。

正印又忌傷官食神，因傷官食神，能生財破印也。若柱中雖無財而傷食甚旺，則亦能暗生財以破印、歲運遇財，必有災禍。若局中本有財，更行傷食財運，爲禍尤烈。

印綬喜逢天月德，若與天月德過合，其人慈而有恩。故經云：「素食慈心，印綬喜逢於天德，」是也。

印綬格喜生旺，最忌死絕。如甲日干以子爲印，喜庚辛生之。見戊已財，則其格雜而不純。喜行運金水旺鄉，若行死絕之鄉，再遇財神流年，禍不旋踵，印綬見於局中，亦非定能生身致福。經云「金賴土生，土厚金埋。木從水養，水盛木漂。」云云：此印綬過旺，反不能生身者也。又云「燥金不能生水，（見火多者曰燥金）絕水不能生木，腐木不能生火，猛火不能生土，燥土不能生金。」此印綬之衰弱而不能生身者也。又日干旺土見旺火為印必主目疾。凡印過旺者，喜行財運以破之；印衰弱者，則喜遇官殺以扶之。但金印木印多者，只須格局無損，不損其吉。若水木土印，多則不美。

又十干見印，各有喜忌。通會云「甲日子月，忌己巳時，怕午衝。乙日亥月，忌戊辰時，怕巳衝。丙日卯月，忌辛卯時，怕酉衝。生寅月，則忌庚寅時，怕申衝。丁日寅月，忌庚子時，怕申衝。生卯月，則忌辛丑時，怕酉衝。戊日午月，忌癸卯時，怕子衝。己日巳月，怕壬子壬戌時，忌亥衝。庚日午月，忌己卯乙酉時，怕子衝。生巳月，則忌戊寅時，怕亥衝。辛日巳月，忌庚寅甲午時，怕亥衝。生午月，則忌辛卯乙未時，怕子衝。壬日酉月，忌丁未時，怕卯衝。癸日申月忌丙午時，怕寅衝。生酉月則忌丁巳時，怕卯衝以上十干，皆喜見比肩疏通，忌見傷食銷印。

經云：「印綬財星重見，事尋難通。」

又云：「月印純粹無財星，必主文章中黃甲。」

又曰：「身旺印多，財運無妨；身弱有印，煞運何傷？」按身旺不忌財星者，以財能洩身之氣，制去太多之印綬，反為福也。身弱有印，則見殺生印以資身，故亦無妨。

又曰：「印綬有根，喜遇財星；印綬無根，忌見財曜。」按印綬之根，乃官殺也。有官殺而見財，則財生官殺，官殺生印，反為印助，故喜。若局中無印綬，則為印綬無根，若見財星，則財能壞官，大忌。

又曰：「印綬有根，逢財則發，逢官則顯，逢合則晦，逢衝則災。」按遇合而晦者，印被合則化去，而我失其印故也。

繼善篇云：「官刑不犯，印綬天德同宮。」按印綬帶天德，其人慈祥仁厚，故官刑不犯，為良善之人也。」

又云：「生氣印綬利官運，畏入財鄉。」

又云：「月生日干。運行不喜財鄉。」月生日干，即月支上見正印也。

四言獨步云：「印綬無根，遇生發福。若見多根，福亦不足。運限逢財，破家失福。」按「遇生，」一謂遇官殺也。以官殺能生印，故云。若局官殺原多，則為「多根，」更行官殺運，是謂太過，故雖發福而有不足。
又云：「六甲坐申，三重見子，運至北方，須防橫死！」按甲木絕於申，申中有庚金爲甲七殺。三重見子，皆爲正印。若運行北方，則水重木漂矣。
又云：「天干二丙，地支全寅，更加生印，死見凶臨。」生印，謂生氣印綬也。
又云：「印綬根輕，旺中榮達；印綬根多，旺中不發。」
又云：「壬癸多金，生氣酉深。土旺則貴，水旺則貧。」酉金爲壬癸印綬，土爲官殺，水則比刼也。
又云：「印綬比肩，喜行財鄉；印無比肩，畏行財鄉。」
又云：「癸日申提，卯寅歲時，年殺月刼，林下孤栖。」
又云：「印綬逢財，比肩不忌。」以比肩能分財也。
通明賦云：「印綬遇殺，吉甫補六龍之衮。」此以殺印相生，化殺爲權而吉也。
又云：「財印交錯，論其氣稟之輕重。倘若財氣輕而印氣重，捨財取印，其貴可知。倘若印氣輕而財氣重，捨印取財，雖有背祿，支干重旺，反作貲財。」

又云：「月印附日無財氣，乃黃榜招賢。」

又云：「文章顯著，榮登黃甲姓名香。」文章，指印綬，非指文昌也。

絡繹賦云：「印臨子位受子之榮；梟居祖位，破祖之基。」按子位，謂時也。若時干支見印無破損，主因子而榮。

五行消息元理賦云：「命用梟神，富家營辦。」

又曰：「水泛木浮者活木。」按此言甲木耳。若乙木遇亥則死，雖爲正印亦無功，非活木也。

又曰：「水盛則漂木無定，須行土運方榮。」此亦言甲木也。子水爲甲之敗地，若甲生子月，四柱見水，則爲水盛木漂，主其人喜游蕩，須行土運，剋去過多之印，方能榮顯。

又曰：「貪食乖疑，命用梟神因有病。」此雖言命中梟盛者，遇食神運，必因貪食致疾。但印重者亦有此患，不可不知。

玄機賦曰：「身旺印多，喜行財地。」按以財剋去過多之印，并以洩身之氣也。

又云：「印旺官生，聲名特達。」

寶鑑云：「印綬重逢，稱比老彭之壽。」按謂身不過旺，而印綬干支俱見者，壽必永也。

又曰：「四柱印多財露太公八十遇文王。」按此言晚達。

又曰：「印綬財傷，母年早喪。」按印綬配母故被傷則剋母。

又曰：「貪財壞印，喜行比刼之鄉。」按比刼能剋去其財，故云。

又曰：「印綬逢財身比刼，縱有財多福不全。藏印露財身自旺，功名榮顯福須完。」

千里馬曰：「逢印看官而遇官，十有七貴。」按正印格，若有官透出者，必貴。但忌太過不及，或有刑冲破敗耳。

又云：「財星破印，宜行比刼之宮。」按此與寶鑑所云：「貪財壞印，宜行比刼之鄉，」意同，

又云：「財印混雜，終為守困。」按財旺則壞印；印旺則生比劫以破財。故財印混雜者，除別有化機外，必富貴兩失也。

輿旨云：「印綬太過，不喜再行身旺地。」按印綬太過，喜行財運以去印。若再行身旺運，則反破財以扶印，故不宜也。

又云：「印綬被傷失祖業。」以印綬爲母故也。

身命賦云：「貴人佩印，定須文武兼資。」貴人指天德天乙。

驚神賦云：「有印無官，享現成清高之福。」

造微論云：「印綬逢華，尊居翰苑。」按華指華蓋也。此乃就印綬成格者而言。若太過不及，或有其他破格，則印已壞，雖逢華，亦無用矣。若遇空亡，則空門中人也。

又云；「印旺官生，必秉鈞衡之任。」

定眞篇云：「印綬得刦財爲貴。」按此就印星並不過旺者而言也。若印多更逢刦財，乃貧困之格耳。

又云：「煞化爲印，早擢高科。」

要訣云：「官印在刑衙之地，意亂心忙。」

相心賦云：「印綬主智慧、豐身、自在、心慈。」

門化章云：「印綬者畏見財星，得羊刃刦財，必反爲福。」印輕者固喜見刦財爲福。以刦財能制財也。若陽刃則限陽日干，若陰干則不足爲福。如乙日干，乙祿在卯，羊刃在辰。辰中雖有乙木爲比肩，但有戊土爲正財，反助財勢。

淵海云：「財多用印，運喜比肩之地；印守提綱，却喜殺神相幫。」按印守提綱，亦非必喜殺助。若月氣太旺，四柱印多，仍喜財星。此節乃指財多用印者而言，故喜有殺相生耳。

萬祺云：「正印見財則凶，逢官則吉。有官無印，雖富貴而傷殘；有印無官，縱榮華而有失。四柱愁逢死絕，三元喜見長生。」

搜髓論云：「印綬太多身更旺，爲人刑剋主貧孤。若得官殺財相會，亦爲超邁貴人扶。」

骨髓歌云：「若是逢財來壞印，懸梁落水惡中亡。印不逢財身不死，如前逐一細推詳。」

古歌云：「月逢印綬喜官星，運入官鄉福必清，死絕運臨身不利，後行財運百無成。」

按此亦就印綬不多者而言也。

又云：「印綬無虧享福田，爲官承蔭有田園。家膺宣勅盈財穀，日用盤纏費萬錢。」

又云：「印綬無虧靠祖宗，光輝宅產振門風。流年運氣逢官旺，富貴雙全步月宮。」按此指年月上印綬而言。

又云：「月生日主喜官星，運入官鄉祿必清，容貌堂堂多產業，官居廊廟作公卿。」按此亦咏月上官星。

又云:「印綬之星福最殊，更看權殺作何居?忽然併守居元位，聲振朝廷福不虛。」按此就印殺均歸祿於同支而言。

又云:「印綬生居被殺同，殺同心胆反粗雄。運亨便有軍中職，只恐將來不善終。」按此指印綬與七殺同居一宮而言。

又云:「命逢印綬福非輕，年少從容享現成。旺相印多偏福厚，受恩承蔭立功名。」按印多而旺相太過者，又當別論。

又云:「印綬不宜身太旺，總然無事也平常。除非原命多官殺，却有聲名作棟梁。」

又云:「重重印綬格清奇，更要其中仔細推。支上咸池干帶合，風流浪蕩破家兒。」

又云:「印綬支干喜自然，功名豪富祿高遷。若逢財旺來傷印，退職休官免禍愆。」

又云:「印綬重重享現成，食神只恐暗相刑。早年若不歸泉世，孤苦離鄉夙疾縈。」

又云:「丙丁卯月多官殺，四柱無根怕水鄉。濕木不生無焰火，身榮除是到南方。」

又云:「月逢印綬喜官星，運入官鄉福必清。死絕運臨身不利，再行財運百無成。」

又云:「印綬多根不畏財。喜逢比劫福相栽。印星敗破官來救,福壽平生命帶來。」

又云「印綬干頭重見比,如行運助必傷身。莫言此格無奇妙,運入財鄉福祿眞。」按命多比劫,如再見比劫運,必有坎坷憂患。喜行財,則減比劫之氣,且暗中生官煞以制比劫,故能發福也。

又云「印綬忌行死絕地,最憂財旺落財鄉,月支歲運重相會,定主斯人一命亡。」按印綬死絕。則日主無根。若再見財旺,或行財旺運。則印綬破盡無餘若日主他無救助,必死無疑。

又云:「印綬生人旺氣純,煞官多遇轉精神。印行死絕逢財地,無救終爲泉下人。」按此言月支印綬,日主健旺,故雖有官殺相伴,亦轉見精神。若印行死絕,則日主根傷;或行財運,則印星被破官煞化鬼而剋,故別無救助,則必死也。

又云:「木逢壬癸水漂流,日主無根枉度秋,歲運若逢財旺地,反凶爲樂頓優遊。」按此指水盛木漂,印綬不能生木者而言。蓋木雖賴水生,水過旺則反不能生木。必行土運制水,木方能活。惟丙丁日主生春月,則木稍多無妨不如木命人之大忌水盛也。故印綬畏財之說，皆視五行所屬，及旺相深淺而消息之，不可膠柱鼓瑟，一例推之，反有毫釐千里之差矣。

又云：「壬癸逢申嫌火破，局中有土貴方知。北方水運皆爲吉，如遇寅衝總不宜。」按壬癸水以火爲財，見火則破申金印綬。局中有土，則能救印，故貴。

又云：「壬癸逢申火亦深，支干有土福方眞。十分火重宜西北，火淺休教遇子神。」按此乃就上局更推而言之也。此格雖喜西北方運，但必火重難去而後可。若火淺則忌子運。以申金絕於子，若行子運，雖去財而不能存印，因印亦行絕地故也。

又云：「戊己身衰喜見寅，生逢官煞必榮身。如逢火木興名利，運至西方怕酉申。」按戊己見寅，則寅中有丙火爲官，甲木爲印。官生印，印生身，故榮。仍喜行火木運。若運行申金，則冲破寅字，剋去甲木官星。酉運亦有辛金剋去甲木官星，故忌。

又云：「辛日丑月爲印綬，酉提干癸一般神。辛金喜火嫌西北，癸水宜金怕火侵。」按辛日以火爲官，喜官生丑卯。行西北則金清水寒，故嫌之。癸日以火爲財，懼其壞印，故怕。

又云：「壬癸生逢七八月，財多土厚北方奇，無傷無破宜行水，帝旺臨官方不宜。」按壬癸生七八月，爲月令印綬格。若土多官盛；火多財厚，則宜行水運助身而制財。若財官行帝旺臨官運，則反不宜也。

又云：「丙丁卯月主星康，大怕庚辛酉丑傷，水運漸興木火旺，西方行運定災殃。」按丙丁日干遇卯月，亦爲月令印綬。忌金財破印，丑中有辛金，爲金庫，故亦忌之。

又云：「印綬如逢月內遭，定因庇蔭顯英豪。多能少病謀須大，有印無官福亦高。此下最宜逢鬼旺，中間却忌去財交。運臨死絕身無託，即入黃泉不可逃。」按月令印綬，必受祖蔭，主其人多能少病。雖有印無官，亦享清福。以後若行官運，必發。但忌行財運破印，因局中既無官星，即無救助，大凶。若行印星死絕運，則日主無根，故主死也。

又云：「重重生氣若無官，當作清高技藝看，官殺不來無爵祿，總爲技藝也孤寒。」按此就月令印綬以外而言。月令印綬，可得祖蔭，餘則不然，故福稍減，然其餘則同。若印多而無官，又不行官運，則雖有巧藝，亦無爵祿，故總孤寒也。

又云：「印綬如經死絕鄉，怕財仍就怕空亡，逢之定主招災禍，落水公刑自縊傷。」

又云：「貪財壞印眞言凶，須要參詳妙理通。運若去財當作福，再行財運壽亢終。」

第十二節　正印刷格

印綬之喜忌，已詳述於上節。茲更就其枝節問題，解釋如左：

（一）煞印格　凡看八字，首宜看殺，已於七殺（即偏官）一節內詳言之矣。若日主弱而七煞多，一見正印，即煞化爲權，轉凶爲吉，故經云：「一仁可化」也。若更見羊刃，大貴。然忌財旺運，破印助煞，以剋身。古歌云：「六丙生人亥字多，煞星遇印反中和。東方行運興名利，運轉西方受折磨。」又云：「甲木若逢申，煞印暗相生，水旺主生位，宮袍必掛身。」參見偏官（即七殺）一節。

（二）鬼化印格　三命通會云：「經云：「既濟鬼化爲印綬，天下登科第一人。」如：乙丑癸未丙子乙未。丙臨子位，坐官。丙爲火，子爲水，名曰既濟。年月日一丑二未，皆爲己土傷官。柱有二乙，二未木庫結局。運逆行至印旺，鬼被印化，故主大顯。」按鬼化印之例甚多。如丙日干見壬爲鬼，別干見一丁字，則丁壬合而化木矣。其他可以類推。

（三）刃化印格　喜忌篇云：「戊日午月，勿作刃看，時歲火多，却爲印綬。」即所謂刃化印也，然此惟戊辛二日干有之，其餘八日干，不成此格。戊羊刃在午，然午中有丁火爲戊土之印。辛羊刃在戌，然戌中有辰土爲辛金之印。此格喜行官運。財運不利；但比劫多而局中原無財者，則不甚忌但非佳運耳。

（四）時印格　已詳見上節，卽時位遇正印也。此命多淸高長壽而孤。喜年月上見官。喜行官印運。若印遇刑冲傷害；或有財無官，或歲運多傷食財星，則官印衰絕，百事無成。

（五）胞胎印綬格　三命通會云：「經云：「胞胎逢印綬，祿字千鐘。」如庚寅辛卯丙申乙酉等，日時月令，逢印綬之地，主貴。經云：官印運助，職位列三公。」按三命通會所舉例非也。此命雖年月時見印，而財星重重，寅爲申壞，卯被酉壞，乙被辛壞，四柱三元，又無官星救助，安得爲貴？惟以月日丙辛化水，年時乙庚化金爲印綬，旺於申酉，爲較可取。然地支六冲太甚，終不爲吉也。

（六）棄印就財格　三命通會會：「正印居月令者，決不可見財。若居年時，月令見財，只取財格。喜印生身，敵財爲福。若偏印月令，年時見財，無妨棄印就財，捨輕用財。如壬生申月，丙生寅月，坐長生之地，年時得財，卽身旺喜見財地。如此造化，必主棄祖基而自創別業立身。」按看命除從化格成外。卽應看四柱有煞否？若見殺爲病無救，卽不必再看他物，可斷其命必屬貧夭。倘煞有制化安頓，然後再看財官。若有財官可取，除月令正印外，皆應取財官爲用，不必更論正印也。

第十三節　偏印（一名倒食亦名梟神）

偏印爲生我之神，而陰見陰，陽見陽者。以其能制食神，亦名倒食，以其去福神，故又名梟神。大抵局中無食，作印論者，曰偏印。有食神爲制殺之吉神，而局中見偏印者，則名爲梟或倒食也。如丙火以戊土爲食神，桂中有壬水七殺，爲全局之病，賴戊土爲制。若見甲木偏印，剋去戊土，存起壬殺以剋丙，則丙必遇災禍矣。故名倒食及梟神也。凡命帶梟神，必福薄壽促。但有制合造化則不忌。如甲日干見壬辰，壬爲梟神，而辰中有戊土偏才以制之。辛未日生人，未中己土爲梟，而同宮有乙木偏才以制之。此等梟神，皆不能害食。若局中財官俱全，日主旺相，則可取爲助身之用。陽日干遇偏印，能暗合傷官以生財。如甲日以壬爲偏印，能暗合丁火傷官生土，爲甲之財也。陰日干遇之，能暗合財星以生官。如乙日干以癸爲偏印，能暗合戊土正財，生金爲乙之官也。

命中以食神爲吉神而遇偏印，主其人事不專一。進退失據，時成時敗，容貌不端，身材猥瑣，膽怯心虛，爲事無成，幼時剋母，長大傷子。

經云：「倒食者値身旺而財豐福厚，遇刑殺而壽夭身貧。財星若見，披星帶月不停留。殺星若生，馳擔息肩無定日。身弱重逢偏印，須愁顏子之殤。死食若遇梟神，未免韓信之禍。有遇者精神慵懶，重犯者容貌欹斜。」按身旺者則食神根厚，梟神貪生忘剋，故不爲禍。身弱則食神氣衰，更遇梟神，則死絕而不能制殺，歲運更行殺旺地，必死無疑矣。

萬祺賦云：「梟神見官殺，多成多敗。偏印遇財曜，反辱爲榮。身旺爲貴，身弱乃常。有傷官而平生豐潤，値食神則處世伶仃。」按梟神遇官殺相生而能奪食，吉凶無定，故多成多敗。遇財則財能破梟，故反辱爲榮。身旺身弱之理見上段。有傷官一句，乃指陽日干見梟合傷官生財，故吉。陰日干無益。

五行元理消息賦云：「丁逢卯月遇己土，貪饕之人。」按卯爲丁之偏印，己爲丁之食神。凡命中見食見梟者，必貪食。

相心賦云：「梟神當權，使心機而始勤終怠；好學藝而多學少成。」

奧旨賦云：「年時月令有偏印，凶吉未明。大運歲君逢壽星，災殃立至。」按壽星，謂食神也，非指正印。蓋局中梟神雖多，苟無食神，日主康旺，亦不爲害。若歲運遇食，則羣梟爭食，其禍立作矣。

絡繹賦云：「梟居祖位，破祖之基」按謂梟居年上也。

古歌云：「印星偏者是梟神，柱中最喜見財星。身旺遇此方爲福，身衰梟旺更無情。」

萬育吾云：「丙戌丙申甲戌壬申甲見丙食又見壬倒食甲生申日受殺制無氣。二丙竊氣，壬水制丙，煞不受壬制，故無名利。又如壬申壬子甲戌丙寅，會印歸祿，水清火神之妙，木火通明之義。又己未壬申甲子丙寅以殺化印，歸祿得秀，木火通明，水木清奇。二命俱大貴。前忌倒食，逢制合反貴，不可一見倒食便以凶論。

第十四節　傷官

日干所生而陰見陽，陽見陰者。以其能破官星，故名傷官。如甲木以辛爲官，甲木生丁火。丁火能剋辛官，故名傷官也。

傷官雖爲凶殺，然命局中見傷神，亦非定凶。若傷官傷盡成格，亦貴。蓋傷官傷盡，亦能生財，財旺仍能生官，造化生合有情，自屬貴格。如傷官居月令，四柱作合，皆結傷局，無衝無破，柱中不見一點官星謂之傷盡。又如月支傷官，時上傷官，只後四柱不見官星，亦爲傷盡。若身旺，再加財旺或印旺，大貴。此格主聰明多材藝而貢高我慢，險詐而無忌憚，多謀少遂，弄巧成拙。常以天下之人不如己，而人亦憚之惡之。

傷官而四柱原有官星者，則傷不能盡。經云：「傷官見官，爲禍百端。」惟傷官有制伏化合，不能爲官害者則不忌。但應以官論，不得取傷官格也。

傷官雖成格而四柱無財者不美。蓋傷官能生財，財能生官，故傷官喜財星。若傷官無財。則不得其用，多貧窮。雖行財運可發，然運過仍貧。故經云：「傷官無財可倚，雖巧必貧。」

傷官格多用財，然亦可用印。天元賦云：「傷官用印宜去財，用財宜去印」，倘使財印兩全，將何發福？身旺者用財，身弱者用印，用印者須去財方能發福。用財者不論印（因財能破印，故用印者須去財。印不能害財，故用財者可不必論印也。）亦主亨通。傷官用印，行運不忌官殺，去財方發。（但格局中原犯官星者則不成。）原犯傷官，須要見財則發。

傷官最喜行財運，印綬身旺次之。不喜行官鄉。四柱傷官多而見官者，不宜復行傷運。一位無妨。

傷官格，務要傷盡。若柱見傷官，而官星隱顯。傷之不盡。歲運再見官星，官星乘旺，再見刑衝破害刃殺剋身身弱財旺，必主徒流死亡。五行有救，亦必殘疾。若四柱無官，而遇七殺重者，運入官鄉，歲君又遇，若不目疾，必主災破。經云：「四柱傷官運入官鄉必破。」又云：「傷官復行官運，不測災來。」

傷官格，火人土傷官；土人金傷官，忌官星。蓋火人以水為官，土能剋水，而水得土則塗而不流；輕亦渾濁，無益有害，故忌見官。土人以木為官，金傷官剋木，而木得金則死，故亦忌官。若金日干水傷官，水日干木傷官，木日干火傷官，則不忌見官。蓋金日干水傷官，若金寒水冷，喜見火溫，故水傷得火而既濟。水人木傷，以土為官，若水盛木漂，則遇土方榮，故亦喜見官。木人火傷官，以金為官，若木重火輕，則難通明，亦喜金削脫，故亦不忌官。經云：「傷官火土傷宜盡，金水傷官要見官，木火見官官要旺，土金官去反成官。惟當水木傷官格，財官兩見始為歡。」（參見下文張神峯說。）

三命通會云：「傷官傷盡，亦有不作福者。傷官見官，亦有不作禍者。如一命丁未丁未丙午丙午。丙日坐午，日主自旺。有二午二丁二未，四柱俱傷，雖傷官傷盡，柰四柱火氣太旺，盜氣又重，運行東南火旺之鄉。無一點財氣，身空旺無依，乃至貧之人，不能以傷官傷盡身旺，便作好命看也。又如甲日生人，柱有辛為官，又有丁傷官，若生秋月，官旺。雖遇丁火，或居亥子之上，或伏壬癸之下，則丁不能傷官，終有官爵之命。歲運遇財官印綬俱吉。切不可以傷官見官，便作不好命看也。」

八字中原有小傷官，未必即損貴氣。或運入官鄉，官自旺強健，或入印運，制伏傷殺。或有財生助。或從化入於別格，均不失為好命。惟忌再行傷地，有一病不起者。否則文書口舌，官事破財，殃禍踵至。柱中原有財，又行財運，亦可發福。一行官殺地，或逢衰敗死絕地，即失財祿，非喪服則官訟。

張神峯曰：「何謂傷官？蓋官星如府縣官，傷官是殺其官，如化外之民，故忌見官星。如傷害官府者再去見官，則官肯放汝乎？又傷官格四柱不見官星，本然入格，但太純無病，雖曰日干有氣，如四柱傷官重重，盜盡我身之氣，如人多服大黃朴硝諸般通藥，則必由此而洩傷元氣，將何藥以救之？此格喜行印運以破傷官，行財運以支日主，亦多富貴。又如日主生旺，比肩太多，財神衰弱，則又喜見官星以制比劫存起財星。何謂又喜見官？蓋以我本身

華夏哲理闡微社版

兄弟太多，官星但來制我兄弟，存我財星。故此官星但爲我福，不爲我害也。又假傷官行印運必死，（按假傷官根氣弱，爲印傷則破格。）眞傷官行傷官運必滅。（按眞傷官洩日主之氣太甚，若再行傷官運，則損之又損，故滅。）故書云木作灰飛，男兒壽夭也。」

又曰：「傷官格人多傲氣者何也？蓋人用官爲管我者，今敢傷其官而不服其管，非傲者乎？又或聰明者何也！蓋日主之氣，洩其精英，是英華發於外也。若日干旺，精英喜洩，則爲卿相。若日干弱，泄氣太多者，多爲迂謬寒儒。男以官星爲子，見傷官以破之，多主剋子，其理易曉。若見財暗生子星，則又有子也。」

又曰「傷官格多畏入墓運，其禍甚烈。或謂傷官乃殺傷官府之人，若入牢獄，必多苦楚，其說不甚近理。蓋傷官太多，若行墓地，又添一點傷官，愈洩精神，故有殃禍，實非入墓之害。」

又曰：「假傷官者，如木火傷官格，甲乙木生春月，見火爲假傷官。其火乃虛火，其焰未熾。且木氣堅樸，雖見木而木之眞性不焚。再若木旺，喜金官星以制之，則金木有成名之用，此所以「木火見官官要旺」也。若甲乙木生巳午月，炎火盜甲乙木精氣，是眞傷官也。原已泄木精英太多，若再遇庚辛官星剋制，則日主愈益休囚矣。此則木火傷官，亦畏見官也。若日主旺，傷官多見官殺，反爲我之權殺，亦多富貴。「金水傷官喜見官」，何也？若庚辛日主生於冬月，則爲金寒水冷，故喜丙丁火官星以煖之也。若水氣不多，金氣不旺，則亦畏官星也。又云：「土金官去反成官」，宜去官星也。其說近理。「惟有水木傷官格，財官兩見始爲歡」，此則見財宜也，見財幷見官不宜也。下此官字，反致惑人。然傷官格有眞有假。如甲乙生夏月爲眞傷官，若火多則喜水運，以破傷官而扶木氣。如止一二點火，亦畏印以破之。故曰「破了傷官損壽元」也。如甲乙木春月，見火爲假傷官，火氣未烈，用此虛火爲用神，正謂「木能生火木火通明佐廟廊」也。

又曰：「假傷官行傷官運發。如甲乙木生春月見火，若行南方火運，助起其虛火，雖傷官入墓。以其又添一點傷官，亦多富貴，故不以入墓爲忌。」

四柱傷官，惟年傷官最重，謂之福基受傷，終身不能除去，更有甚於七殺者。如甲日生人，以辛爲官。見丁卯年生，寅午戌會起傷局，是爲傷官重犯。又有卯爲劫刃，背祿逐馬，主爲人退悔，反傷祖蔭。運行官鄉，流年再見，或殺旺身弱，運必禍。若月令眞正傷官，又見官星，大要日主健旺，再臨傷官運，可發。日主微弱，運歷財官鄉，禍不可言。

金不換云：「傷官四柱見官，到老無兒。」

又云：「傷官傷盡，忽見官星則凶。傷官見官，運入財印乃解。」

傷官，如甲日見丁，喜壬合癸破。乙見丙，喜辛合壬破。丙見己，喜甲合乙破。丁見戊，喜癸合甲破。戊見辛，喜丙合丁破。己見庚，喜乙合丙破。庚見癸，喜戊合己破。辛見壬，喜丁合戊破。壬見乙，喜庚合辛破。癸見甲，喜己合庚破。

萬祺賦云：「傷官元辰，無官星，又行傷官運，此爲竊氣太過，即「一木疊逢火位，名爲散氣」之文，非貧則夭。喜身旺及官鄉。傷官見官，再剝再滯。運入官鄉，局合反吉。即：「傷官傷不盡，却喜見官星。傷官若帶財，見印禍不輕。傷官若帶印，官殺不爲刑。」傷官多者宜行印，即「食多用印。」傷官少者又行印鄉，即「梟神奪食。」傷官若帶印，不宜劫財。傷官若帶官，不宜行制伏。傷官用財，不宜行比劫。傷官用印，不忌見官殺。傷官若見官星重疊，莫作官星論。傷官見官在年月，必要剝官運。在日時不宜被傷，被傷禍不可言。不可臨墓，住壽難延。」

四言獨步云：「傷官見官，爲禍百端，運限去官，必主高遷。」

又云：「傷官無官，過剝則滯。運行官鄉，局中反貴。」謂傷官格太純，即爲過剝，反主命滯。須行官運方發也。

又云：「傷官有財，子宮有子。傷官無財，子宮有死。」按此論傷官格無財，則主其人無子也。蓋男命以官星爲子，財旺始能生官，若無財，則子星根氣絕，故云無子也。

又云：「傷官之格，命中大忌，帶印帶財，翻成富貴。」按傷官格須帶印，或帶財，不可兼帶。帶印無破者淸貴而無子；不如帶財，富貴有子。

千里馬云：「傷官見財者，又官高而財足。」其理見上。

又云：「傷官見官，妙入印財之地。」其理見上。

又云：「傷官逢財而有子。」

相心賦云：「傷官傷盡，多藝多能，使心機而傲物氣高，多詞詐而侮人志大。額高骨俊，眼大眉粗。」

定眞篇云：「傷官若見印綬，貴不可言。」

繼善篇云：「日坐傷官，歲遇傷官當破面。」

景鑑云：「傷官無財而帶刃，行奸弄巧。」按傷官聰明而羊刃險惡，若不帶財，則無貴氣，故行奸弄巧，乃貧困無子之格也。

通明賦云：「重見傷官，身必辛勤勞苦。」

又云：「傷官多而身旺無依，定為僧道藝術之士。」按無財無印曰無依。若命中帶空亡或華蓋，則為僧道，否則為清寒之藝人。

幽玄賦云：「傷官有財而佩印，豈不作一品之官。」按此論傷官用財者，傷官身旺者用財，用財者不忌印綬故云。

玄機賦云：「傷官傷盡，行官運而無妨。」按此即獨步所云：「傷官無官，過剝則滯，運行官鄉局中反貴」也。

寶珍賦云：「日露傷官時露財，功名榮顯肅烏台。」

祕訣云：「傷官太重子必有虧」

又云：「年帶傷官，父母不全。月帶傷官，兄弟不完。日帶傷官，妻妾不安。時帶傷官，子忽凶頑。」

又云：「傷官傷盡，論主興隆身旺則吉，身弱則凶。」

又云「傷官洩氣本爲敗神臨身旺官財則吉遇官盛無印則凶。傷官不盡，須防不測之災。傷官逢財，乃享優游之福。七殺同來疾損須憂。身旺無依孤剋難免。傷官遇刦娶財，如柳絮隨風。傷官無印求利。似荷錢擊雨。」

按如上諸說，有云傷官忌官者有云得官反貴者，其說紛紜。莫衷一是。實則應否忌官，須論全局，不可僅以傷官眞假爲衡。如（一）局中有官，是謂傷之不盡。若日主孤，決不宜見官。若見官必死。所謂「傷官見官爲禍百端」也。蓋日主既孤而無助又有傷官盜氣。再遇官星，則日主受傷益甚。不死何待？（二）局中雖有官，而官氣休囚，日主旺甚，比刦重重，財星衰微，則雖見官不忌，蓋喜見官剋去比刦以存財星，可爲我用也。（三）局中有官亦有印，亦不甚忌官，以官能生印也。（四）假傷官，氣甚休囚，日主不旺而有官印財，若財官生旺，則反以傷爲病，運行喜財官，不以見官爲忌。（五）局中無官，而比刦甚重，則喜見官。若無比刦或比刦甚淺，而傷官甚重：則又喜印破傷而扶身，不喜見官。決不可拘拘於「運行官鄉局中反貴」及「傷官傷盡行官運而無妨」等語，而認眞傷官傷盡者，喜見官星也。學者若能於上述原理，加以推究，則思過半矣。

古歌云。「傷官傷盡最爲奇，尤恐傷多反不宜。此格局中千變化。（此語意可參觀上段按語。）推尋須要用心機。

又云：「傷官不可例言凶，辛日壬辰貴在中。生在秋冬言秀氣，生於四季主財豐。」

又云「傷官不可例言凶，有制還他衣祿豐，干上食神支帶合，兒孫滿地壽如松」按「子上食神支帶合」者，謂時干有食神，而時支與他支相合也。時爲子息，故多子孫，時又主晚年吉凶，食神爲福神，亦稱壽星，臨於時位，故主壽。然亦有不可拘泥者，仍須視時支所見爲何神，及所合之神殺吉凶而後定。如時支見梟，或合劫刃，或合梟神，則仍主刑子。福壽亦減。或干頭雖有食神，而地支空亡，則亦無福壽可言也。必地支見財官合貴，始可言吉耳。

又云：「傷官遇者本非宜，財有官無是福基。時日月傷官格局，運行財旺貴無疑。」

又云「傷官傷盡最爲奇，多見傷官禍便隨。恃己凌人心好勝，傷刑骨肉更多悲。」按此論眞傷官傷盡，不宜多見傷官也。

又云：「傷官原是一凶神，傷盡反爲大貴人。若是傷官傷不盡，官來乘旺禍非輕。」

又云：「月令逢官杜見傷，傷輕少力尚無妨，若見刑冲幷破害，爲官雖好勢難長。」

又云：「傷官傷盡復生財，財旺生官互換來。四柱若無官顯露，便言富貴莫疑猜。」

又云：「傷官其志傲五侯，好勝場中強出頭。路見不平須忿怒，抑強扶弱不干休。」

又云：「年上傷官實可嫌，重則傷身壽不延。傷盡官星財貴旺，逢官財絕禍連綿。」

又云：「年冲月令須離祖，日破提冲必損妻，時日暗冲妻子剋，無衝四敗一生低。」

又云：「傷官無官最忌剎，運入官鄉反見奇。歲運命中見印綬，誠爲富貴定無疑。」

又云：「傷官不忌比肩逢，七殺偏官理亦同。若是無官當忌比，如逢身旺却嫌重。」按無官雖忌比，然傷官多者又不忌。財太多者亦不忌也。

又云：「庚日全逢寅午戌，月逢子字是提綱，如逢金水反成福，火上重傷禍怎當。」按此舉庚日爲例以概其他也，不可拘泥。

又云：「日主無根午上金，月通亥子水來侵。只宜印綬扶身旺，何慮提綱損用神？」此亦舉庚日爲例也。「午上金」者庚午日主也。午爲火旺地，又爲金敗地，而庚金處其上，故云無根。

又云：「癸日無根木月中，局中有火反成功，當生不見南離物，火土行來數內空。」

又云：「丙丁自主戌中旬，財透天干作用神。此格傷官官喜旺，只愁身旺反傷身。」

又云：「傷官傷盡復生財，器識剛明實偉哉！縱使祖財無有分，等閒玉帛自天來。」

又云「傷官傷盡最爲奇，福祿崢嶸亦壽彌。歲運更行身旺地，逢財身旺貴無疑。」

又曰「傷官不盡又逢官，斬絞徒流禍百端，月犯父子無全美，日犯自己主傷殘。時傷子息多狠狠，須知富貴不週全。若是傷官居太歲，必招橫禍逢斯年。」

第十五節　食神

日主所生，而陰見陰，陽見陽者，謂之食神，以其能制殺，故亦稱壽星或福神。

食神格亦不宜多見，與七殺傷官相似。若多見，則作傷官看，不能爲福。以食神亦能洩日主之氣，不過以其制殺使化鬼爲權，印故可貴。若太多，不僅制殺太過，亦且多洩元氣，無益有損，此所以亦與傷官同論也。（官不可傷而殺則應制，故傷官爲凶殺，而食神則爲吉神也。）

食神格亦要身主健旺。月令食神，尤忌身弱。喜財而忌印，尤忌梟神。若見梟神，則為倒食，大凶。若財旺，見梟尚不足為大害。若財弱而有官殺助梟，則為貧夭之命。

食神格喜財，尤喜偏財。食神格中身主健旺，局中有偏財，支藏干透，則主其人安享現成，不勞而獲。

此格身食兩旺而見財者，主其人心廣體胖，財祿豐厚。子息衆多，壽元亦永。四柱見財，而食神見於歲月者，有祖蔭豐厚。見於日時者，妻妾子息甚佳。大忌日主食神母子俱衰，若行死絕之地，須防壽促。

食神格固忌梟神，然食神多者，偶見一二點梟，使之剋有餘之食以助身，反勝於無梟。此等處之梟，作偏印看，不作倒食看。若格中止此一點食神，柱中又有官殺，若再見梟奪食，則殺無食制，必去剋身，乃貧夭之命也。

食神格干藏支透者，謂之天廚食神。若日干自旺，則富貴壽考。故古歌云：「食神生旺勝財官」也。若格中雖無財，而行財運者必發。

食神格忌梟而見梟者，主其人有始無終，容貌可憎，身材委瑣，性急量狹，浮躁無定，少智多慾，百事無成。

食神格見印多者，印亦作梟神論。故食神多者，可行印運，食神少者行印運，亦爲梟神奪食，其禍無窮。

食神格以月令建祿格爲最佳，時祿次之。更逢貴人運行食神或遇偏正財旺之地，大發。忌行身食衰墓死絕之運。

食神格四柱見財，別無傷破者，主富，然不淸貴。

食神多者，作傷官論，少子。亦忌入墓與傷官同論。若空亡而顯官殺，則九流中人，江湖術士之流也。

三命通會曰：「甲日食丙，柱中無壬癸亥子方好。如有水氣，丙自受制，屈伏於人，己身尚不能克自樹立，豈能生財以養其父，如無印梟，又要生旺向祿。如丙生夏月，運歷東南，火土俱旺，其甲用財必厚。若生三春甲旺，丙食雖得生，而戊己土財氣薄，須行南方火土俱旺運，方行發福。又如庚以壬爲食，運歷北方水旺之地，發財必厚。東方木旺之鄉，發福必緊。細論之，庚以壬爲食。長生於申，當斷申地福重。暴敗在酉，壬水至酉便不爲佳。以壬生甲木，爲庚之財，卽自生分發生之財，非婚配正妻之財。甲在酉地，爲木困金鄉，壬水自敗，豈能助養其父？當斷此運平平。行至戌運，如干遇壬申，亦只斷其半吉半凶。逢戌可斷其有災。見庚可斷其微福。亥運當言其大吉。子運癸水傷官傷重，洩本身之氣。又庚死於子，甲敗於子，當斷生禍生災。運至丑庚金之庫水旺之鄉，又有己丑助庚。甲冠帶成人之地，可斷此十年發福。寅運亦吉，印運有災。餘例推。」

又曰：「食神者十干福祿之會，君子得之，顯達豐贍；小人得之，週旋給足。在福聚之地，則官高祿厚。在祿聚之地則職卑命薄。如以甲子論食丙子爲福星之貴。食丙寅爲長生之祿，又爲祿馬同鄉，食神學堂之貴。丙辰爲才官印，丙午爲自刑破命，丙申爲剋身破命。丙戌爲空亡。餘干類推。」按子中癸水，爲丙官星，甲正印，故云「福星之貴。」寅爲丙火長生地，并爲甲之祿，故曰：「長生之祿。」辰爲甲之偏財，中有乙木爲丙正印，癸水爲丙正官。故云。申爲甲之七殺，又與甲祿寅沖剋，故曰「剋身破祿。」甲子旬中無戌亥，故戌爲甲子旬之空亡。然戌爲丙火之庫，乃吉而不吉也。

又云「食神遇天乙天官華蓋文星學堂官印祿馬之類，爲福聚之地。尅破空亡惡殺刑害休敗死絕爲禍聚之地。若有華蓋正印，雖少增倍。無學堂驛馬，雖多減半。淸貴之家，驕衰之族，以是刑之。」

又云：「甲乙食丙丁，加寅卯巳午之上。丙丁食戊己，加辰戌丑未之上。戊己食庚辛，加巳午申酉之上。庚辛食壬癸，加申酉亥子之上。壬癸食甲乙，加亥子寅卯之上，謂之食神。見生旺，更帶祿馬旺相，文爲兩制兩省，武爲建節防團。無亦主財帛豐厚。食神與祿全見四柱順當爲妙。」按此語就通常說耳，不可拘泥也。若四柱無財，又不行財運，雖身食兩旺，亦不能發。如無財官而有印，或有印運，則雖身食兩旺亦屬貧命。

五行消息元理賦云：「食神制殺逢梟，不貧則夭。」

又云「食居先殺居後，助名顯達。」

一行賦云「五行休廢遇奇救，災禍必輕。四柱消息值平和，福德增重。若逢倒食之神，旺主財多耗散。」倒食，卽梟神也。

指迷賦云：「食神一處，當月一代於三。若遇休囚，三重不逮於一。食分三二，財如落葉秋風。梟遇一重，禍若朝困慕落。食神若遇空閑，大抵難逃憔悴。」按食神所以制殺，故局中無殺，而多見食神，則食神無事可為，徒盜日主之氣，故曰空閑，有益無損，是以雜逃憔悴。局中無殺僅一重食，能制歲運七殺，不為閑神，有兩點始為閑神耳。若柱中只一點殺，月令食神，則殺氣休囚，亦只喜一重食，若再見，仍為閑神。

理愚歌云：「子反哺時逢干建，更值貴人喜相見。建官又在貴人鄉，鳳閣鸞台歷華選。」返哺者，年月日時，皆自下食上，見天乙官印吉神主貴。按反哺者，謂食神生財，以為日主之用也。如己日干，生於四月，年為辛酉。己以辛為食，建祿於年。四月天德在辛，是辛為食神帶天德。如柱中別無破損，即以貴論。

壺中子云：「食神嫌倒，爭啜爭哺，忽併臨之，乏漿乏乳。有餘則食前方丈，不足則簞食豆漿。」按倒，指倒食。倒食多則爭啜，食神多則多哺，如兩者併見，則主貧困。如倒只一見而食神重，則為有餘。蓋食神多則以傷官論，喜梟神制而去之故也。不足者食神少而梟神多也。

又云：「倒食在命，多被人撓。在幼兒則言乏乳，成人者則言缺食。正食而有餘者富貴；爭食而不足者貧賤。」

又云：「凡生時干倒食年干者，主剋子。倶食主頭面帶破。非剋母，死後無子送終。」

四言獨步云「食神生旺，勝似財官，濁之則賤，清之則貴。重則不足，擬倖傷官雜氣無用，分謀多端。」

相心賦云「食神善能飲食。體厚面好。」

口訣云「食神帶旺，賢而有福。」

奧旨賦云「月令值食身健旺，善飲健食，資質豐肥。四柱有吉曜相扶，堆金積玉聲名顯着。」

又云「食神旺處劫財多，更逢偏印剋食神，非壽夭，卽貧乏。」

幽微賦云「食神旺相，耈壽彌高。」

寶鑑賦云「月露食神時露官，榮顯烏台助國臣。」

祕訣云「食神一位，勝似財官，戊食庚時，不宜火旺。」

三軍云「食神大忌食耗食空，最喜食庫食祿。」按「食庫」謂食入居庫。如乙人見未，未中有丁火爲乙食神，居木庫旺相是也。「食祿」者如乙人見丁爲食神，丁祿在午，柱中又見午字是也一云：「食祿」者，如甲寅日主自旺，專祿，寅中有丙火，為甲食神。食神與祿神同宮是也。

心鏡云：「壽星合處得其眞，此說不虛陳。一座食神身坐官，三監九卿看。」按食神坐官者，如丙生人見戊子。戊為丙食，子中癸水，為丙官也。

萬祺賦云：「食神名為吉曜，制殺號稱壽星，干強食旺，富貴之士。食旺身衰，蹭蹬之人。逢財則食前方丈，遇印綬則甑底生塵。見一位者鐘鳴鼎食；見二三者陋巷蓬樞。羊刃重臨，平生勞碌，刑剋相會，一世奔波。」

古歌曰：「食神制殺吉非常，財旺妻榮子更強，柱中若無吞陷殺，管教金殿佐君王。」按吞陷殺，指梟神。

又曰：「申時戊日食神奇，惟在秋冬福祿齊，甲丙卯寅來剋破，遇而不遇主孤栖。」按秋食神盛，冬子財旺，故佳。

又曰：「食神生旺喜生財，日主剛強福祿來。身弱食多反為害，或逢梟食主凶災。」

又曰：「食神生旺無刑剋，逢財此格勝財官，更得運行生旺地，少年折桂拜金鑾。」

又曰：「甲人見丙本盜氣，丙去生財號食神，心廣體胖衣祿厚，若臨印綬主孤貧，」按正偏仰皆能破食神，故見者孤貧。

又曰：「食神逢祿號天廚，衝剋空亡官殺無。死絕運行偏印地，壽星合處福交孚。」

又曰：「食神食退好烟霞，食馬心馳別立家，或食貴人幷食祿，名高爵重福無涯。」按食退者，指退神；又居日支前而位次在後者，亦曰食退，如甲以巳火為食神，見於月建，如日支為午，則為食進。如為甲辰，卽為食退。「好烟霞」者，謂其人無進取之心，喜隱居也。又「食馬」謂食神會馬，卽食神與驛馬同宮，非指正財也。

又曰。「食神印綬不宜逢，惟見財官福更隆，食神喜行身旺地，逢梟逢比總成空。」

又曰：「食神生旺最堪誇，惟有土金水木佳。官殺更無來混雜，平生衣祿足榮華。」

又曰：「食神有氣勝財官，先要他強旺本干，若他反傷來奪食，忙忙辛苦禍千般。」

又曰：「食神無須格崇高，甲宮庚人貴氣牢，丁己乙丁多福祿，門闌弧矢出英豪。」

又曰：「食神居先殺居後，衣祿平生福最厚。殺近食神却有殃，終日塵寰慢奔走。」

又曰「壽元合起最為奇，七殺何憂在歲時，禁凶制殺干頭旺，此是人間官貴兒。」

又曰：「食神無損壽綿長，庶母逢之不可當。若沒偏財來救護，命如秋草帶秋霜。」

又曰「食神月上號天廚，人命逢之當有餘。切忌梟來明滅福，最嫌衝去暗消除。生財化鬼兼無病，制殺爲祥信有儲。士子如逢利甲乙，官封要職領天書。」

第十六節　雜氣財官印綬

雜氣財官印者，指辰戌丑未四庫中所藏之氣。如「辰藏乙戊三分癸」六辛日干得之，戊爲印乙爲財。六甲日人得之，癸爲印，戊爲財，六丙人得之，乙爲印，癸爲官。「戌宮辛金及丁戊」六甲日人得之，辛爲官，戊爲財。六辛人得之，戊爲印，丁爲偏官。六壬人得之，丁爲財，戊爲偏官，辛爲印。「丑癸辛金己土同。」六甲日人得之，癸爲印，辛爲官，己爲財。六丙日人得之，癸爲官，辛爲財。六庚人得之，己爲印。六壬人得之，辛爲印，己爲正官。「未宮乙己共丁宗。」六甲人得之，己爲正財。六丙人得之，乙爲正印。六庚人得之，乙爲正財，己爲正印，丁爲正官。六戊人得之，乙爲正官，丁爲正印。六壬人得之，己爲正官，丁爲正財是也。經云：「財官印綬全備，藏蓄於四季之中。」指此。

凡雜氣財官格，或雜氣印綬格，均喜透露刑冲，不喜壓伏。其餘均與正財正官正印等相同，參見以上各節。所謂壓伏者，如甲日得未月，喜未中己土正財爲福。而月干遇乙字，則未中己字被壓伏。或云干爲戊己者乃壓伏，然如甲乙人見戊己爲透財壬癸人爲透官庚辛人爲透印，未可以壓伏論也。此外別有一說，見後。所謂喜透露者，乃指辰戌丑未中所藏，透於天干者也。如甲日人見丑月，丑中有癸辛己三氣，癸爲正印，辛爲正官己爲正財，如臨癸丑月，則爲雜氣印綬格，以得印生身爲福。如合格（如何合格須查正印一節）主享父祖現成之福。如爲辛丑月，則爲雜氣正官格，主貴。如爲己丑月爲雜氣正財格，主富。如他干幷透官，別無刑冲者，亦主貴。此格地支雖不忌刑冲，而天干則忌剋破刑壞，不可不知。如柱中原自刑剋，再行此運，必有災禍，最爲格中所忌。故景鑑云：「雜氣財官身旺有衝而發，若太過，反受孤貧。」按「太過」卽指再遇衝刑也。蓋雜氣喜冲刑，而再遇冲刑，則屬太過矣。

又景鑑云「雜氣財官格，要四柱財星多便爲好命。若四柱別入他格，依他格斷。」按此論甚是，而有應注意者，則日主健旺是也。若日主不旺而財星多；或月干透印而有財星，皆不以吉論。

又云：『雜氣財官，有正官格，偏官格，正財格，偏財格。雜氣印綬，有正印格，偏印格。須分偏正，若偏官旺，亦要少許制伏則可。若墓庫重疊，元無刑衝，不透貴氣，兼有戊己壓其上，最難發於少年。故曰：「財官鎖閉，少年不發，墓中人是也。」按元無刑冲者，運行刑衝，亦可發。

又曰：「四庫亦是衰養冠帶之鄉，若時上見爲時墓格，與月上同論，但發較晚。如丁亥戊子丙申己丑，丙用丑墓爲財庫，行未運衝丑庫，發財。見壬辰爲官庫，至戌運衝辰庫，發官。倘柱中別有戊辰己丑，厭伏庫上，則不能發財發官，難作好命看。若有衝見合，則又不能衝矣。」

又曰：「月臨庫地東西南北四隅之氣，如未木行東方，戌火行南行，辰水行北方，丑金行西方，臨庫墓運行生旺之地，必發。如臨辰水氣，運轉南方，不見會合，只以土論。」

又曰：「古人以五行墓處爲倉庫，遇太歲所尅之五行加之，是謂庫中有財，其人必富。如命帶墓絕，而反值太歲所畏之五行加之，謂之絕處無依，其人必鈍滯。若五行遞相庫墓，純粹而不破，又有福神加臨，此兩種之格也。若破而生活，或破而死絕，有福神加臨，則減退斷之。若尅破而無福神，只是平民。此庫墓格局，不問貴賤，只是一生自己一生榮任，不利六親，難存子息。」

又曰：「有庫頭鬼，乃甲乙人見辛未，忌丁巳。丙丁人見壬戌，忌戊寅。戊巳人見甲辰，忌庚寅。庚辛人見丁丑，忌癸巳。壬癸人見戊辰，忌甲寅。一名軒車殺，若犯所忌主車破輛馬折足，婦人疾厄，常人致盜。經云：「生日犯之得用，若遇時不犯忌，多主富貴。君子早年科甲，常人藝業出衆。又有庫頭財，乃甲乙人己未，丙丁人庚戌，戊己人壬辰，庚辛人乙丑，壬癸人丙辰。君子多主錢穀之任。常人家業從容。卽以透出財官論也。（按庫中有官，而干頭透財者，財星須旺相，則財旺生官，亦貴格，以透財官論。若休絕死絕則無取，不可一概論。）又如金見己丑，火木見乙未，金水見丙辰，土土見戊辰，木火見壬戌水。（按此論納香）如此之格，卽墓中逢鬼，平生多危疑。」

四言獨步云：「辰戌丑未，四土之神，天元三用，透旺爲眞。」按「天元」三用者，謂四庫中所藏五行有三，故天元但見三種之一者，卽爲透出，但須乘旺始佳耳。然透財官印食則吉，餘神則不吉。

又云：「財官臨庫，不衝不發，四柱之干，喜行相合。」

玉匣賦云：「財庫臨二合之地，石崇作萬金之主。」

玄機賦云：「雜氣財官，刑衝則發。」

千里馬云：「辰戌丑未遇刑衝，無人不發。」

通明賦云：「主臨官庫財墓，開則榮封爵祿，閉則慳吝貲財。」按庫逢刑衝則開，否則閉。

搜髓論云：「財星入庫主聚財。」

古歌云：「雜氣財官在月宮，天干透露始爲豐。財多官旺宜沖破，切忌干支壓伏重。」

又曰：「雜氣財官四庫中，還須破害與刑沖，天干透出財官格，財多身旺祿相同。」按庫遇刑沖破害則財官出庫方發，否則不發。

又曰：「雜氣從來福不輕，天干透出始爲眞，身強財旺生官祿，運見刑衝聚寶珍。」

又曰：「辰戌丑未爲四季，印綬財官居雜氣，干頭透出格爲眞，只以財多爲尊貴。」按財旺自能生官，故以財多爲貴。

又曰：「月令提綱不可衝，十衝九命皆爲凶，惟有財官逢墓庫，運行到此反成功。」

又曰：「官曜財星俱不露，却宜破害及刑沖。更詳勾引成何局，須分上下與中旬。」按此論月令之深淺也。如以丑論之：丑中有癸辛己三氣，丑爲土旺，而爲金庫，幷藏子水餘氣。若在小寒後七日內，則爲癸水司令，七日後十二日內，則爲辛金司令，若在十二日後，則爲己土司令矣。故同一甲日，生於丑月，如在前七日，爲正印司令，須以透印爲眞。生七日後，十二日內，則爲官星乘旺，以透官爲眞。若在十二日後，則爲己土財星旺相之時，以透財爲眞矣。若財旺之時而透印，則印綬無根，反爲財破，不以雜氣正印格論。若四柱才多，他柱天干透財，只以財論。

又曰：「要知何物能開庫，破害刑衝是鑰匙。露得財官方有用，身衰鬼墓甚危疑。」

又曰：「少年不發墓中人，皆爲財官閉庫門。破害故能關鎖鑰，壓藏終必受艱辛。」壬本取辰爲墓。戊土來傷富作貧。乙木甲寅同救濟，財星湧出自然榮。」

又曰：「雜氣財官與印同，格中最忌鬼財重，但宜我多生爲上，雖喜逢他要得中。若是財多宜退職。如逢官旺福無窮。貪財壞印君須記，蝸角蠅頭枉自空。」

又曰：「財官雜氣庫中藏，最喜生身入旺鄉。煞重身輕宜制伏，財多庫實要衝傷。五行有取尋他格，四柱無情反有妝。歲運若臨財旺地，聲名日進甚高強。」

又曰：「偏官偏印最難明，上下相承有利名，四庫生時爲最奧，等閒白屋出公卿。」

又曰：「四季財官內伏藏，刑衝破害要相當。太過不及皆爲禍，運入財鄉大吉祥。」

「附」墓庫說　按墓者，五行長生十二支，辰戌丑未，常爲其墓，故云。如甲長生在亥，墓在未。乙木長生在午，墓在戌，是也。庫者，取五陽干之長生帝旺墓三支相合而會局，卽以陽干之墓爲庫也。故庫與墓之意相同，論凶則墓，論吉則庫耳。

同一交墓庫運，而有凶有吉。故祕訣云：「幼年不宜逢墓庫，老年值此却豐隆。」然又云：「旺官旺印與旺財，傷官食神並身旺，遇庫興災。」又云：「旺殺入墓，壽算難延」者何也。曰；此言財官或印綬格之生旺者，及傷官食神格而遇身主健旺者，皆不宜行用神墓庫運；若中晚之年日元墓地，則所不忌。故濟云：「老行墓地，晚景悠悠。」墓庫爲日主之財官印綬，（與雜氣格同）自所喜遇。惟其格不喜財官印者則當別論耳。

第十七節　時墓

時墓格實卽雜氣格。不過雜氣格見於月令，此則見於時支耳。時墓之入格者，除發福較遲外，餘俱與雜氣格同論，可參閱上節。

華夏哲理闡微社版

古歌云：「財官藏蓄四時辰，年少刑衝可進身，不遇刑沖遭壓伏，定然不發少年人。」

又曰：「時墓逢官主發遲，喜逢衝尅最為奇。鎮壓不來臨貴處，官高職顯兩相宜。」按「鎮壓不來」謂無壓伏之天干也。「臨貴處」謂與吉神相遇。

又曰：「若問財官墓庫時，戌辰丑未一同推。財官俱要沖開庫，壓住財官未足奇。」

又曰：「北方壬癸遇河魁，南域加臨丑吉時，倉庫豐盈金玉滿，優游處世福相隨。」

第十八節　羊刃

（附日刃格時刃格）

羊刃，本作陽刃，後人簡筆寫作羊刃，致不明其義。陽刃者，乃五陽日干之刃也；五陰日干則無之。（且五陽日干中，戊日見午，亦非定作刃看，有時作印綬看。）如甲日以卯為刃，卯為甲劫財，能劫去甲之妻財，而甲無財矣。卯酉相衝，酉中之辛為甲正官，見卯又衝去甲之正官，而甲無官矣。卯中有乙木合起庚殺來尅甲，是甲有災矣。其他丙戊見午，庚見酉，壬見子，皆可類推。

又五陰日干見傷官時，亦作刃看者，以其傷正官而合七殺以尅其身也。然不可概論爲凶，須察五行消長之理而斟酌之。

刃有三種，如甲見乙，名劫財印，最不利於財官格。惟財多身弱，而柱中無殺者，則喜見之。有護祿刃，歸祿格喜見之，如甲祿在寅柱中幷見卯字是。有背祿刃，卽五陰日干見天干傷官者是，如乙見丙，最利於去官留殺格。

喜忌篇云：「劫財羊刃，切忌時逢，歲運併臨，災殃立至」按四柱中，以時上見刃者爲最重，年月日見者較輕。凡命帶陽刃者，傷妻破財。若太歲或大運更臨刃位，或衝太歲，或拱合太歲，必遇奇禍。賦云：「陽刃衝合歲君，勃然禍至。」是也。然日元旺氣甚深，而柱中又有吉神救解者，亦無大患。或歲冲而運不冲，或運臨而歲不臨，則亦不爲大禍。

又云：「日干無氣，時逢陽刃不爲凶。」按命中無印綬，則爲日干無氣，則喜得陽刃扶持。蓋身旺者，忌陽刃劫財冲官合殺。若身弱無氣，則又喜其扶身合殺也。然五陰日干則陽刃不劫財。如乙刃在辰，丁己刃未，辛刃戌，癸刃丑，雖支中藏有餘氣，若不乘旺，不足爲患。身弱者，救助之力亦微。故臨月臨墓，均先應以雜氣時墓看，不作刃論也。

命帶陽刃者，主眼大鬚黃，心性剛傲，刻薄少慈，有宿疾，多狐疑。或偏生庶出，或離祖過房，尅父傷妻。若刑害俱全，類皆得地，又有貴神相救，則主榮貴。

陽刃格忌行衝運。如甲刃在卯，忌行酉運。丙戊刃在午，忌行子運。庚刃在酉，忌行卯運；壬刃在子，忌行午運。然甲戊庚見刃逢衝雖多遭禍，而壬丙見午子，有時反作官貴論，不可概以陽刃逢衝論也。

命局中有殺有刃，殺刃相合，則殺不尅身，刃不劫財。更有其他吉神臨之，五行相救，反主榮貴。又柱中有刃而有官，則刃爲官制，反爲我用，亦主吉。但有傷官并臨而無印綬，則官不能制刃，仍凶。

三命云：「六甲日，逢乙卯凶，「按甲見乙卯，庚見辛酉，爲眞刃，最凶。）辛卯吉（按辛能尅制卯中乙木也下可類推。）甲申日見丁卯不爲刃，以申中有庚金合卯中乙木爲財。若有財露則凶，丁火傷官，乙木劫財，歲運併臨，災禍不免。乙酉日見庚辰時，非刃，乙坐庚下，酉中辛金制辰中乙木。丙子日見甲午時，非刃，子中癸水尅午中丁火。丁亥日見丁未時，非刃，亥中壬水合丁。庚午日見乙酉時，非刃，午中丁火制辛。壬午日見庚子時，非刃。午中有己土制癸。辛巳日見戊戌時，非刃，巳中丙火合辛。癸巳日見癸丑時，非刃，巳中戊土合癸。以上諸日，不宜見刑冲破害，無則以好命斷之。」

偏官格，喜見羊刃。其見者喜身旺而無傷官。故經云：「殺無刃不顯，刃無殺不威，」若命中原有殺刃，歲運却不宜再見殺或刃，否則有禍。如只有刃無殺，則歲運喜殺制刃爲用。若柱中無殺刃而歲運遇之，主蹇滯。然仍須視命格五行喜忌以消息之。若命中帶傷官財星，尤忌殺刃。

陽刃以年上時上所帶者爲最重。年上主破敗祖基，不受父母產業，平生施恩反怨。時上主尅妻子，晚無結果。四柱再逢，手足災疾。月上較輕，日上最輕。人命月日干支帶財多，日干衰弱，時帶陽刃無害。（按此就五陽日干而論，陰干稍異。以陽干刃卽劫，陰干則僅僅餘氣爲刃，其力稍弱也。）月帶七殺，時帶陽刃，日主有氣，大貴。如月帶陽刃，時上微帶官星，力不能制，亦凶。蓋陽刃雖有殺制，若歲運再遇，或在刑合之位，依舊有禍。雖其格主貴，仍不免也。

五陰干見五陽干，雖爲敗財，然非陽刃。故不刑妻尅子。但主財帛消耗，陰私口舌，或小人相侵。但干上坐官，或歲時干透，皆吉。

心鏡云：「陽刃重重又見殺，大貴登科甲。」

玄機賦云：「陽刃極喜偏官，削平禍亂。」

口訣云「殺交刃兮掌兵權。」

又云：「陽刃倘同生氣，閫外持權。」生氣，卽印綬也。

千里馬云：「陽刃偏官有制，膺職掌於兵權。」

又云「男逢陽刃，身弱遇之爲帝。」按「帝」謂帝旺也，乃指五陽干而言。如甲以卯爲刃，而長生於亥帝旺於卯。丙戊以午爲刃長生在寅午爲帝旺。庚以酉爲刃而長生在巳，酉爲帝旺。壬以子爲刃，而長生在申，帝旺在子，是也。

又云：「陽刃入官殺威鎭邊疆。」

寶鑑賦云；「羊刃叠逢居陽月，名成利就。」

祕訣云：「陽刃重重有制，伏一生富貴善終身。」

又云「支刃子宮時月重逢官必顯。」萬育吾注云：「如甲人逢辛卯辛卯之類。」按甲日但有丁卯時。無辛卯時，萬氏不過偶然示例耳，學者不可拘泥。

通明賦云：「月刃日刃並時刃，兼貴殺富貴榮身。」

玉匣賦云：「火金陽刃，綠珠墜死於高樓。」

又云：「陽刃重重三四，必須患疾盲聾。」

三車云：「陽刃持針雕面賊。」按針，指懸針殺也。「雕面賊，」謂有惡行而面有破相。例如甲日見辛卯，辛卯爲懸針，卯又爲刃是也。

驚神賦云：「滿盤陽刃，必定分屍。」

通明賦云：「印生兩刃終被刑。」按此亦惟五陽日干之刃爲最驗。以五陽日干之刃即劫財，故印能生刃。五陰日干，則惟庫中餘氣耳。故古云：五陰日干無刃也。

造微論云：「陽刃逢於五鬼，定要重犯徒流。」

古歌云：「陽刃嫌冲合歲君，流年遇此主災迍。三刑七殺如交遇，必定閻羅出引徵。」

又云：「陽刃重逢合有傷，主人心性氣高強。刑衝太重多凶厄，有制方能保吉昌。」

又云：「刃逢七殺慕官鄉。惟怕刑衝祿不昌。會合更逢財旺運，預防災禍致身殃。」

又云：「比肩陽刃格非常，要見官星與殺鄉。元辰若無官殺制，再行比劫禍難當。」

又云：「劫財傷刃不堪親，四柱無財一世貧。出姓歸宗還俗客，不然殘疾亦傷身。」

又云：「日干旺盛於年月，身旺專祿財官絕。那堪刦刃又相逢，百般機巧反成拙。」

又云：「日干旺甚無依倚，刦喜歲運逢財地。原命有財見財發，無財見財壽夭折。」

又云：「財星輕弱刃剛強，身旺之鄉大不祥。鳳寡鸞孤寒夜怨，等閒妻剋兩三雙。」

又云：「氣神原旺日干強，四柱無財被剋傷，重犯空亡華蓋位，緇袍冠冕拜虛皇。」

按：言犯此者必爲僧道也。

又曰：「刃逢七殺運官鄉，破害刑衝貴異常。切忌合逢財旺地，必遭災禍反刑傷。」

又曰：「戊己生逢五月中，忽逢陽刃在天宮，金多有水方爲貴，火重須逢比劫同。」

又曰：「春木夏火逢時旺，秋金冬水一般同。不宜陽刃天干露，歲運相逢事事凶。」

又曰：「庚金酉月重重旺，除非火煉器方成。東南行運財名發，西北相逢禍便迎。」

又曰：「羊刃常居在祿前，性剛果毅少慈憐。不宜會合防災至，若見財星禍必纏。有官有殺名顯達，無衝無破祿榮遷。更加刑害魁罡併，發迹邊疆掌重權。」

「附日刃格」

日刃格者，日干自坐陽刃也。此格僅有戊午，丙午，壬子三日。不喜刑衝破害，喜官殺以制其刃。歲運亦喜官殺鄉，忌見正財。若柱中有一財會合，必主爲害。

合此格者，主眼大鬚長，性格剛毅，無惻隱之心。如三刑自刑或魁罡全者，多爲邊疆武職。若無制合而多者，歲運逢合刃，其禍不可勝言。刃多無制身弱者孤貧。如刑害之例全而得地者，則大貴。

通明賦云：「月刃日刃並時刃，兼貴人，富貴榮身。」

古歌云：「日中陽刃宜逢殺，運轉官鄉貴必遷。刑害俱全爲吉地，財神會合是災年。」

又云：「日刃還如羊刃同，官星七殺喜相逢。歲君若也無傷刃，支上衝刑立武功。」

又云：「壬子休來忌馬宮，午宮亦怕子來冲。丙午坐午休重見，會合身宮事有凶。」

「附時刃格」

時刃者，羊刃見於生時也。羊刃以見於時上者爲最重，男者主尅妻子，晚年無結果。但若有官殺制伏得宜，並刑衝得地，亦自主貴。

古歌曰：「陽刃在時莫說凶，身輕反助却爲冲。單嫌歲月重相見，莫把生時作怨宮。」

按身輕則反可藉刃之扶持，故云。

又曰：「時逢陽刃喜偏官，若見財星禍百端。歲運和沖併相合，勃然興禍至門闌。」

第十九節　比肩劫財敗財

（附建祿格歸祿格）

比肩者五行所屬，與日干相同，而陰見陰，陽見陽者。如乙見乙，甲見甲之類。劫財敗財者，五行所屬，與日干相同，而陰見陽，或陽見陰者。雖批命統稱劫財，實有分別。五陰干見五陽干者爲敗財。五陽干見五陰干者爲劫財。（今流行本說，則與此相反。）劫財必爲陽刃，主刑尅，敗財則不爲陽刃，僅主破耗，其禍較輕。

比肩爲分我之財者，故亦稱分祿。又以財爲妻，故又主尅妻。又以偏才爲父，故又主損父。六親捷要論云：「分祿須傷主饋人，比肩重疊損嚴親」是也。

比肩與劫財敗財，名稱雖異，禍患則一。如日主衰弱，比肩重犯，財星暗弱，則名破財煞。

凡日主健旺而見比肩坐於死絕之地者，主兄弟衰亡異處，自得祖業。反之，則必兄弟榮盛，己必艱辛。若財星微而官殺失脫，並有羊刃者，雖命中無比肩，行比運，亦主破財傷妻，爲災甚重。

命局見比肩，而日主有根，財印俱全者，必然爲禍。無根而有傷官七殺者，則見比爲福。五言獨步云：「傷官不忌比，七殺要相逢。無根喜比助，身旺却嫌重。」按傷官格洩日主之氣，故喜比助。七殺能尅去比肩。若日主無印綬則喜比助身。身旺則不得比助，反忌比分財，故嫌重見。

又曰：「甲乙寅卯月，金多反吉昌，不宜重見水，火土得衣糧。」按此舉甲乙日干爲例也，其他可以推類。甲木若生寅月。乙木若生卯月，皆爲比肩，月令旺相之地。甲生卯月，乙生寅月，亦爲劫財司令之時，均忌比劫重見。故喜見金以制比劫。若重見壬癸亥子生木，則比劫之氣愈重，金氣亦洩，故不宜。喜見火土者，以見火能洩比劫之氣以生財；土則能生金以制比肩，而爲日主之用也。他如丙丁生巳午月，戊己生四季月，庚辛生申酉月，壬癸生亥子月，皆可依例同推。

又按甲乙生寅月，丙丁生巳午月，戊己生四季月，庚辛生申月，壬癸生生亥月，不可便言忌比劫，仍須依節氣淺深，審其當令之神以判之。如寅中有甲丙戊三干。若在立春後七日又四分之一日以內，則上月（即丑）之餘氣未盡，爲戊土偏財當令，若財官旺盛，日主坐衰，亦喜見比爲助。若在立春後十四日以內，則爲丙火食神司令，若食神重見，亦不忌比。若立春後滿十四日半，始爲甲木比劫司令，乃忌比劫也。其他可以類推。

劫財敗財，爲禍亦稍異。陽干見陰干爲劫財者，爲兄見弟，弟不特破兄之財，且劫兄之妻，故名劫財也。陰干見陽干，名敗財者，如弟遇兄，兄雖奪弟之財，而不劫其妻，故僅名敗財，而不名劫財也。故命見敗財不刑妻，僅主破財。見劫財，則破財尅妻也。

古歌曰：「甲乙相見必妨妻，敗財尅父定無疑。」按此亦舉例而言也。劫財運多妨妻，以劫財必帶陽刃（五陽日干），刑尅甚重。比肩運則妨父。以陽見陽爲比肩，爲偏財，偏財爲父，陽尅陽最凶，若偏才死絕，又無救解，太歲併臨，則必傷父無疑。

又曰：「身弱財多喜比肩，身強財少見災愆，若行殺運來相制，好向財源猛着鞭。」

經云：「男逢羊刃，身弱遇之爲奇，財輕身強，比肩劫奪百端。」按身弱而遇羊刃，則爲己助。身旺財少，則比必奪財也。

身弱遇比劫則吉，雖行官殺財運，亦無大礙。若局中無官殺尅制，歲運又臨劫敗，兄弟必因財爭競分居，過卽無咎。

比劫司令干透成局者，主敢作敢爲，而無信義，多爭競。若日主坐旺，比劫滿盤，乃僧道之命也。

六親論云：「月中歸祿無財官，父喪他鄉。」按如乙日干生卯月之類。

又云：「日逢刃，時逢劫，妻妾產亡。」

又云：「日時背馬分財無救助，妻兒離散。」

三命云：「敗財者比肩之禍，劫奪之神，財多身弱，遇之爲奇。財弱身旺，見之爲禍。有財遇劫，運入財鄉，自可成家。無財遇劫，縱非財年，亦須見破。元劫又遇劫運，守窮途而悽惶。身旺又加印助，必榮華而發福。」

相心賦云：「劫財羊刃，出祖離家，外象謙和尚義，內心狠毒無知。有剋制之意，無慈惠之心。」

金不換云「身旺比劫重，損財又傷妻，比劫逢梟食，妻逢產裏危。」

撮要云：「比肩要逢七殺制。」按取其陰剋陰陽剋陽制之有力也。

消息賦云：「小盈大虧，恐是劫財之地。」按此言其害多而利少也。
古歌云「比肩陽刃格非常，要見官星與殺鄉。元辰若無官殺制，再行比劫禍難當。」
又曰：「劫財傷刃不堪親，四柱無財一世貧。出姓歸宗還俗客，不然殘疾亦傷身。」
又曰「日干旺盛於年月，身旺專祿財官絕，那堪劫刃又相逢，百般機巧翻成拙。」按謂年月見比劫幷日主坐旺（如丙午）或專祿（如甲寅）而局中不見財官者若再遇比劫運，必貧夭也。
又曰：「傷官不忌比相逢，七殺無根理亦同，若忌無根只忌比，身強遇比劫嫌重。」
又曰「劫財羊刃最無情，不帶官星一世貧，甲乙互逢皆倣此，縱多財帛化爲塵。」
按比肩劫財敗財之喜忌，就上述所言，比較觀之，已可概見。然尙有一事，必須明白言之，則（一）五陽日干，天干有劫財羊刃，如甲見乙，丙見丁，戊見己，庚見辛，壬見癸，皆是。五陰日干，則敗財非刃，如乙見甲，丁見丙，己見戊，辛見庚，癸見壬是。（二）地支亦然，如甲見卯，爲刼財羊刃，乙見寅則爲敗財而非羊刃；見辰，則爲羊刃而非劫財。（三）五陰日干，有比肩羊刃而無刼財羊刃。如乙見辰爲羊刃，辰中有乙木爲比肩。丁己見未爲羊刃，而未中有丁己爲比肩。辛見戌爲羊刃，而戌中有辛爲比肩。癸見丑爲羊刃，而丑中有癸爲比肩。故比肩羊刃格之眞者，僅五陰日干有之，五陽日干無也。（四）傷官帶刃，惟丙日干生人有之，餘干則無。蓋丙祿在巳，午爲羊刃，而午中有己土爲丙之傷官也。

「附建祿格」

神峯通考論建祿格，引喜忌篇云：「月令雖逢建祿，切忌會殺爲凶。」注云：「舊注以「會殺爲暗會七殺爲凶兆。如甲日用酉月爲官星正氣，若年時支辰，則會起申中庚金爲七殺，乃甲之寇賊，故曰凶。」固是。然官祿之祿用令字，與「雖逢」字「建」字牽強，況子辰暗會合申殺尤牽強不可從。或曰：「會殺，謂會見七殺，年時天干顯露，地支隱藏無制伏者是也。」似勝舊注。」按建祿格，實卽月令建祿耳。如庚日干生於申月，庚祿在申，而月建逢申，故曰建祿。會殺者，年時有地支與月建相會合而爲日干之七殺者。如庚日既見申月，又值巳年，則月令之祿，被年上之巳合去，而巳爲庚之七殺，合祿而尅身，故凶。須有食神救解，始可轉凶爲吉也。故三命通會云：「建祿者乃甲日寅月，乙日卯月，五行臨官之位是也。」其說甚是。

三命通會又云；「甲日寅月，乙日卯月，不用金，（金爲官）以金絕於寅。用土爲財，而土病於寅。則財官俱不得。若別無財官可取，再遇劫奪，既不扶祿，又不養身，多主貧賤，頗宜時帶偏官偏財，或食神，更看年時上露多者取用。若略見財官，反爭奪不吉。」

月令建祿，雖有祖業而平生見財不聚。但病少壽長。行運再見比劫，剋妻妨父損子，或官非破財，是非口舌，家庭變故。如八字中有財官，引旺得地，（如甲日戊寅月，以戊爲財，戊旺於午，而見午時，是引旺於時也。得地者，如甲以戊爲財，而見戊辰時，干透支藏是也。）官星有助。運臨官星有氣之地，亦貴。財星有助。運臨財旺之地，亦當財官俱旺，乃富貴之命。若時遇財庫，運至財星，必主晚年大富。年上財官相助，必享祖蔭。四柱無財官，縱行財官運，亦止虛名，運過即已。若行比劫運，貧滯一生。

建祿格忌比劫，如比劫多，必無祖財，刑剋甚重，一世孤貧。且喜裝模作樣，事事虛妄，到老無成。但有官殺生旺制剋，財官多者，則貴。

萬育吾云「甲日寅月，宜壬申時。乙日卯月，宜辛巳時。丙日巳月，宜己亥時。丁日午月，宜庚子時。戊日巳月，宜甲寅時。己日午月，宜乙丑時。庚日申月，宜丙戌時。辛日酉月，宜丁酉時。壬日亥月，宜戊申時。癸日子月，宜己未時。是見殺取貴，然幷不可太多。歲運再逢七殺主夭折。」

四言獨步云：「月令建祿，多無祖屋。一見財官，自然發福。」

五言獨步云：「建祿生提月，財官喜透天，不宜身再旺，惟喜茂財元。」

又云：「甲乙生寅卯，金多反吉祥。不宜重見殺，火土得衣糧。」

又云：「乙木生居卯，庚辛干上逢，財旺人發福，殺地壽元終。」

又云：「戊己生巳午，水木反爲祥，西方還有貴，辰戌運災殃。」

古歌云：「提綱建祿將何取？須看年時多透露，局中六格自光明，莫泥提綱反爲悞。

按此論取格勿泥提綱也。

又云：「春甲無根命不奇，金多猶恐反成危。柱中取得中和氣，福祿康甯百事宜。」

又云：「癸祿居子生冬月，天干最喜透財官，如行火土與財祿，水旺應防破貴元。」

按古無建祿之說，其說始於子平。實則祿即比肩耳，故其吉凶，可與比肩劫敗羊刃同論。若以祿爲吉，以刃爲凶，則大悞矣。子平牽強附會之處甚多，建祿之說，亦其一也。學者宜深加體會，勿爲所悞。

「附歸祿格」

天元見祿歸於他支者也。如日祿歸時，爲其最要者。日祿歸時，只有甲日丙寅時，丁日丙午時，戊日丁巳時，己日庚午時，庚日甲申時，壬日辛亥時，癸日壬子時，等七日。餘如乙日見己卯時，作時上偏財格看；丙日癸巳時，則時上官星顯露，時祿被尅。辛日見丁酉時，是時上一位七殺，時祿亦被尅，皆不爲日祿歸時格。（按此是舊說，按庚日甲申時，亦有時上偏財，何以仍取爲歸祿格？可疑。）

按日祿歸時，實是時支比肩，本不爲吉。若財星太旺，喜見比肩助身任財，則喜見之。忌官殺者。一見官殺則祿被尅去，不能助身，故爲破格。行官殺運者示同。此亦是五行消長之理，並非別有奥妙。若柱中無財，比刼顯露，則雖日祿歸時，亦是貧賤之命。縱行財運，亦只虛花，並無實益。今江湖術士，一見日祿歸時，柱無官殺，遂以「靑雲得路」許之，誠大謬矣。

此格財淺而祿重者，喜行財運，財旺亦能暗生官，故雖柱中無官，亦能貴顯。若柱中財淺而行傷官食神運，則僅能發富而不能發貴。局中原多傷官食神者亦同，雖有印，亦有貴者，終不能大貴。見印則尅去傷官食神，故歸祿格不僅忌官幷亦忌印。然示有不忌者，如日祿歸時而柱無比刦，日主坐衰，印神旺相者，則印能資祿，不患其尅破傷食。蓋日主衰弱，則不能自享其祿。柱有傷食，徒洩自身之氣，而更不能用其財。故喜見印，一以資祿助身，庶能用其財；一以尅去傷食，以固自身之精氣。惟此後不宜更行印運。更行印運，則財神根絕，亦非吉祥也。

喜忌篇云：「日祿歸時沒官星，號曰青雲得路。」按此卽日祿歸時格名稱之所由來也。舊注云「此論歸祿格要四柱中無一點官星，方爲此格，號曰青雲得路。最要日干生旺，兼行食神傷官之鄉，可發福。但歸祿有六忌（一）則冲刑；（二）則作合，（三）則倒食，（四）則官星，（五）則日月天元同，（六）則歲日天元同。犯此六者，不可一例以爲貴矣。假如甲子丙子癸丑壬子，此是統領命，乃子多爲聚福歸祿矣。甲子丁丑乙丑己卯，此蔡文輝八字，術士皆許讀書有功名之造，後學醫行辛巳運，庚子年不祿。此非日祿歸時，獨步云：乙木無根，生臨丑月，金多淸貴，火土則折。」按此仍就身輕不能任印者而言耳。祿卽比肩。（一）比肩刦敗羊刃與祿，皆爲一物，皆忌冲刑，故此云：（一）忌冲刑。比刦羊刃，皆爲分祿劫財之物，如合吉神，則吉神被他合去而我無分。合凶神，則反助凶神。故此云：（二）忌作合。食神能生財，若遇梟神奪食則財氣絕；且日主既歸祿，則日主已旺，不宜再見生扶，（若他柱中有比劫固忌，無比劫而見梟神行比劫運，亦主破財。）故（三）忌倒食。見官星則尅去時上比肩而身孤，不能任其財，故（四）忌官星。（若比劫重見者，不忌官星。）若年月天干再見比肩，則分其財，故（五）（六）忌年月天干與日同也。又舊注所引兩命，均非日祿歸時。第一命子丑合，丑中有己土為偏官，辛金為倒食，日主自坐犯三忌。且月令建祿，依例以月令為重。應作建祿看。其貴乃在年上食神，生月干之財。親切而有情耳。故中年運行戊寅巳卯而發福也。比肩與羊刃同，四柱皆刃。而子丑合。故為武職。第二命乃時上偏印格。

四言獨步云：「日祿居時，青雲得路。月令印官，遇之吉助。」按此言日祿歸時。必能發福也。據舊說此格忌印官，而此云「月令印官得之吉助」者，何其相反也？不知月令有財官，應作印官格看，不作歸祿格看。（俗本以歸祿忌官，遂疑官字為誤，而改為月令財旺，或月令印宮，印星，財神者，皆謬。）蓋月令如為財官，則日主必休囚死絕無氣，喜見比刼扶助，故喜見時支比肩爲祿。重時支者，以（一）其親切，（二）主暮年結果也。若以爲月令財官，爲歸祿格之助者，尤謬矣。（古法看命先論從化，從化不成方論財官；財官無取，方能格局。若月令有財官，則自應取財官爲用，無須更取歸祿格矣。）

又云：「庚日申時，透財歸祿，名利高強，比肩奪福。」按庚日申時，時干爲甲，乃庚之偏財。若月令有財，應作財看，不作歸祿格看。若年月見比肩，則「奪福」者，乃奪財之福，非奪祿之福也。祿之用，乃助身用財，非自有祿耳。故五行元理消息賦云：「日祿歸時，見財則清高富貴。」又云：「歸祿得財而獲福，無財歸祿亦須貧。」皆以見財爲貴，則知時祿之實非官祿財祿可比，有祿之名，而無祿之用，可以見矣。

古歌曰：「歸祿逢財名利全，干頭切要透財源，自強無破平生好，歲運休更遇比肩。」

按此亦以喜財而再忌比刼，亦如羊刃之畏重見也可想。

又曰：「日祿歸時忌旺官，食神喜遇怕刑冲，傷官嫌入傷財運，官不高兮財不豐。」

又曰：「青雲得路祿歸時，凡命逢之貴且奇，四柱無冲官不至，少年平步上雲梯。」

又曰：「日祿居時格最良，怕官嫌殺喜身強，若逢比刦分財祿，破害刑冲俱不祥。」

又曰：「甲坐寅宮見虎鄉，祿星遙合主榮昌。運行若遇庚辛見，露出官星起禍殃。」

又曰：「日祿逢財名利重，干頭不忌正財逢。身強便得清高貴，兄弟重來祿不豐。」

又曰；「時歸日祿祿興隆，切忌官星混在中。官合干頭支帶殺，少年踽步太龍鍾。」

又曰：「甲乙相逢寅卯時，日干歸祿福應知。財多旺處聲名顯，死絕休囚禍便隨。」

又曰「日祿歸時鎮四夏，青雲平步上天梯。登金步玉承恩寵，雁塔題名到鳳池。」

第三編 日干月支吉凶定局

第一章 日干

第一節 甲乙

甲木屬陽，乃棟梁之材，喜生秋冬，遇申子月爲吉。柱見庚辛，譬斧鑿之論。主名利。運行申酉辰戌丑未鄉，大能發越。見辛官尤妙。忌寅午戌合局，及透丁火傷官，乃辛苦勞力作事無行之命。運逢亦不順。若合局丁透，柱有辰戌丑未，干上露戊己，再行財運，傷官生財，却發大福。

乙木屬陰，爲生氣之木，遇春生而花葉茂盛，亦喜生於小春之令。逢亥卯未申子辰二局，更行北運，雖透丙丁庚辛亦不妨。所忌寅午戌火巳酉丑金多傷殘。再行南運，主夭無疑。

歌曰：「甲乙貴乎木得宜，要知金水旺爲奇，春從南往秋歸北，冬夏西行發福基。」

甲乙日生人，身坐巳酉丑，或申戌金鄉，運行宜土宮分野。若生寅卯辰月，不結木局宜時引歸土金分野，大貴。行運亦然。財官長遠。若生巳酉丑申月時，引歸亥卯未寅，取貴。非此時者乃過與不及，却要運行水木局分野，否則貧儒。柱中原有財星，怕比劫分奪。原無財星不畏。如木得金而成器，仁者有勇。金得木而成材，勇者必仁。是乃剛柔相濟，陰陽相停。運行劫，喜財官。若有木無金，則庚辛虧而義寡。有金無火，卽勇而無禮則亂。金太盛而無水則枯，木太多而無金則繁。是金木各不一也。偏陰偏陽，雖名好命，縱遇財官，亦不發達。

（六甲日歌曰）建祿於寅是旺鄉，（寅爲甲木坐祿，金絕土死，財官兩背，見辛未時取貴。）秋臨傳送鬼刑傷。（謂申中甲絕庚爲煞。秋生鬼旺。）戌中坐祿心懷善，（戌中辛有餘氣，戊土正位，身坐財官，見丙寅時貴。）辰位藏財性亦良。（辰中戊己入墓，身坐財庫，水氣發生，性多善良，見丙寅時貴。）午喜己財天有赦。（午中己土財旺，丁火傷官。有財無官，夏生爲天赦。）子雖沐浴日無妨。（甲木子上雖沐浴，子中癸祿旺，坐生氣印綬，冬生爲天赦。）有吉爲凶凶爲吉，更看時令細推詳。

六甲日，用辛爲正官，庚爲偏官，戊己爲財。如年月時中，透出戊己辛字，生三秋四季，及金士局，財官有用。如不透此三字，只生三秋四季，及金士局亦財官論。見甲乙奪財，丙丁傷官，名利艱難。若生春夏，及入木局。財官無氣，雖得滋助，名利亦輕，喜行西方，及四季金士分野，向官臨財之運，不喜東南木火，傷官敗財之地。若四柱庚辛俱見，謂之官煞混雜，無去留制伏，反主貧賤，如只有庚不見制伏，當作鬼論。分身鬼強弱，定其吉凶壽夭。若制伏得中，作偏官論。太過反不爲福。更看日干於所生月內有力無力有助無助，分節氣淺深輕重言之，喜行身旺鬼衰運，忌身衰鬼旺運。

（六乙日歌曰）卯宮得地祿榮昌（卯上金絕士死。乙木坐祿，財官無氣，庚辰時主貴。或類作木局，主大貴。）未上逢財是正鄉。（未上乙未本局，有己士爲財，丁火傷官。）亥內壬居不失局，（亥上乙木死。喜壬旺爲生氣印綬。不失木局見丙子，壬午，甲申時貴。）丑臨官庫從夫吉（丑金局，從夫化金爲福身。坐財官偏印，爲丑中有己士辛金癸水。餘氣故也。）巳上金官有化良。（巳爲金局，須化金爲福。但身坐正財，男主尅妻，女主妨夫。見壬水者輕。）更看天時併合局，吉凶禍福細推詳。

六乙日，用戊爲正財，己偏財，庚爲正官，辛偏官。若年月時上，透出戊己庚字，生三秋四季，及金局，財官有用。如不透此三字，生三秋四季及金土局，亦作財官論。見甲乙奪財，丙傷官，名利艱難。若生春夏，及火木局，縱有財官無氣，雖得滋助亦輕。喜行西方及四季金土分野，向官臨財，忌行火木之地，傷官敗財。怕官煞混雜。有煞無制，鬼論。制太過不及，皆不爲福。更詳日干於所生月內，有無力助，分輕重言之，運喜忌同上。

甲日定格曰：「甲日寅月是建祿，卯月羊刃可堪憑。三月財官藏辰庫，巳爲食神財暗伏，午月丁火正官格，未月雜氣取財官，七月申提七殺論，酉爲正氣官星得，九月戌中惟雜氣，十月偏印格局眞，十一月取正印格，丑中雜氣子細詳。」

乙日定格曰：「乙日寅月號傷官，卯爲建祿格中眞，三是財官俱雜氣，巳是傷官財星端，午提丁火食神格，未中雜氣曰財傷，申月正氣官星論，八月酉中作殺推，戌內財官俱雜氣，亥月正印便扶身，子癸之中偏印是，雜氣推來在丑中。」

古歌曰：「甲乙春生寅卯月，喜逢金火是榮名，莫將水土推爲用，曲直類趨另一評。」

按此喜金削木成器，火洩木氣也。

又曰：「甲乙夏生四五月，庚辛帶水却爲宜，土神未月連金用，不透德官貴可知。」

又曰：「甲乙秋生兩樣言，乙多金貴甲單尊，兩干飛臨無射月，內有財官要印存。」

又曰；「甲乙冬生木本枯，若逢金土反宜乎，金多成格爲官印，用火又嫌水土敷。」

又曰：「甲生春季夏間來，丙火干頭作壽胎，戊本是財壬是印，運臨酉地雨風摧。」

又曰：「甲生秋月主逢財，印綬官星併帶來，運轉南方名別顯，傷官只恐子星乖。」

又曰：「甲申酉月煞官俱，莫要猜疑作混看，壬上再逢庚字透，地支煞黨總一般。」

又曰：「甲生八月祿當時，最怕卯丁來破之，誰信北行終富貴，運南有水亦能支。」

又曰：「甲寅庚透春夏生，煞淺身強最有情，羊刃如逢時月下，卻將高貴反常評。」

又曰：「甲申春月喜重庚，壬乙相逢入帝庭，無乙只宜名利淺，丙丁玷破作常評。」

又曰：「甲戌干支三兩重，火金卻喜格申逢，如無金火復行木，此命終須主困窮。」

又曰：「甲日如逢乙亥時，庚金透出喜乙妻，丙丁若也無相混，歲運申庚名利齊。」

又曰：「甲生季月乙巳時，壬癸推他作印奇，火土相逢名利遂，水金運底更多非。」

又曰：「甲日無他丑巳時，金神格也定非疑，赤黃運遇成名利，水木之方又不宜。」

又曰：「甲生冬月亥午多，以亥破午反中和，局中更得申庚用，定主功名掇顯科。」

又曰：「甲午冬生遇子時，格全印綬喜同支，莫言死敗為無用，柱有酉辛貴莫疑。」
又曰：「甲日冬生水盛期，高明不遇嘆支離，歲時如得辛庚見，運入東南夢叶羆。」
又曰：「甲在春生乙有秋，煞官重疊福優游，甲秋春乙如多遇，有印須知亦貴儔。」
又曰：「甲乙春逢金火期，分行南北利名宜，火宜南地金宜北，反此而行兩不時。」
又曰：「甲乙生炎火土敷，西行營利貴難圖。行東遇刼成家業，值水西通甲怕枯。」
又曰：「乙生春月見金強，酉丑亥逢大吉昌，錯節盤根喜琢削，如行南地反為殃。」
又曰：「乙生卯月見金功，運得水金去火通，申子酉中應許貴，火臨相聚格還空。」
又曰：「庚辰辛巳時中遇，乙巳逢午總一同，水金運成行功業，木火相逢反落空。」
又曰：「乙日春冬時遇辰，再逢辛巳一般論，如行印地分榮貴，只怕丙丁損用神。」
又曰：「乙日春生用丙丁，水金不遇妙南行，不宜西北兼歸墓。身旺無梟水地平。」
又曰：「乙逢辰巳午未時，就裏藏真未易知，若得土金皆有用，只恐旺處更無依。」
又曰：「夏生乙木遇壬庚，運向西方祿自榮，乙丙若無局內見，讀書應許有功名。」
又曰：「乙日秋生官最強，喜逢辛煞反榮昌，蛇牛宜見蛹南火，微水扶持入廟廊。」

又曰：「乙日如逢辛煞多，見丁相擊無奈却，旺金去去翻為吉，青赤交持名利薄。」

又曰：「乙卯坐祿見財官，庚辛帶水利名看，不論何月時辰巳，丑午相逢亦類觀。」

又曰：「乙生巳酉丑月中，最喜時友一樣逢，印綬再來年月助，千紅萬紫感春風。」

又曰：「乙生亥月時遇丙，年月逢丁作二奇，坐丑兼戌引從貴，如專巳酉另詳之。」

又曰：「木生春旺弟嫌兄，誰道無情反有情，或火或金成一用，不逢金火格多評。」

又曰：「木生夏日節枝橫，此地財傷要刼生，暢茂繁華根未盛，刼多用重兩宜情。」

第二節　丙丁

丙火屬陽，乃太陽之正氣，能生萬物。喜生春夏月間，自然成就，精神百倍。更遇天月二德，行東方運，大妙。雖見土癸水不妨。惟忌戊土透露，減其分數。大運歲君，相犯官府刑獄。破財喪服。生於秋冬更遇夜時，地支再合水局，非僕卽從，一生離別孤獨貧夭殘疾。

丁火屬陰，為凡火，可制萬物。金鋥銅鐵，不得丁制，不能成器。喜生夜間，巳酉丑月令為妙。正月逢寅，乃天德印元，更得卯字最好。忌壬癸水。如日生，步尅妻子。遇南方運，剝官退職。行西北方運貴。

詩曰：「丙丁日主火爲根，金水二星是福源。行運若臨酉與北，縱然富貴不週全。」一丙丁日，自坐申子辰亥水位，又引歸金時，如生寅午巳月，爲水火既濟，大貴夏五月，忌三合火局火炎水乾。冬子月，忌三合水局水盛火滅。水火相停斯成既濟。大運宜金水分野，却忌過與不及。偏陰偏陽，苗而不秀。若生申子辰亥月，須要寅午戌巳時取貴。非此時者，行木運方好。否則虛名不貴。

（六丙日歌曰）居寅有秀壽偏長，（寅上金絕水死，財官俱背，丙火長生，獨食神生旺，故主有壽。見巳亥辛卯辛巳時貴。）在午刑衝身亦強，（午上火旺之地，謂之日刃。喜刑衝破害，爲午中金敗癸絕，財官俱背。男妨妻，女妨夫，見癸水乙木者輕。）申上鬼強通月吉，（申中庚爲財，壬爲煞，身坐財官，見庚寅時貴。癸巳金神化氣貴。）子中祿旺得時昌。（子中有辛生癸旺，身坐財官，見癸巳庚寅時貴。）辰臨官庫冬生忌，（辰上身坐官鄉，爲壬癸入墓，庚寅時貴。）戌傍財鄉夏不良。（戌乃墓地，中有辛金餘氣，身傍財鄉。夏生，財官無氣。）消息盈虛玄妙理，要精休旺說行藏。

六丙日，用庚辛爲財，癸正官，壬偏官。若年月時中，透出庚辛癸字，生秋冬金水局中，財官有用。如不透此三字，生秋冬金水局中，亦作財官論。見丙丁奪財。已爲傷官，名利艱難。若生九夏四季火土局中，縱有財官無氣，雖得滋助亦輕。喜行西北金水分野，向官臨財之運。若柱中壬癸俱見，官煞混雜，無制反賤。如有壬無癸，不見制，當作鬼論。要分身鬼強弱，定其吉凶壽夭。制伏得中，作偏官用。太過反不爲福。更詳日干於所生月內，有力無力，有救無救，分節氣淺深輕重言之。喜行身旺鬼衰之運，忌行身衰鬼旺之鄉。

（六丁日歌曰）酉上臨財學業精，（酉上丁火長生。學堂貴人身坐財官，見壬寅時貴。）亥中坐貴向官榮，（亥上日貴中有壬旺，身坐官鄉，見壬寅時貴。己巳爲金神化氣貴。）大衙無氣財官背，（卯上水死金絕，財官俱背無氣。）小吉迎祥印綬生。（未中有木餘氣，財官雖背，印綬生身。）巳近火宮身旺相，（南方火旺之地，財官受制，謂己干內火奪財，戊土奪官故也。男妨妻，女妨夫，有戊者重，甲寅者輕。）丑中金庫祿榮豐，（丑中庚辛入墓，有癸水餘氣，身坐財官，見辛亥時貴。）人生吉凶如何定，月氣時中見重輕。

六丁日用庚辛爲財，壬爲正官，癸爲偏官。若年月時中透出庚辛壬字，生秋冬金水局中，財官有用。如不透此三字，生秋冬金水局，亦作財官論。見丙丁奪財，戊傷官，名利艱辛。若生九夏四季火上局中，縱有財官無氣，雖得滋助亦輕。喜行西北，及金水分野。忌傷官敗財，運怕官煞混雜。有煞無制，鬼論。制太過，貧。更詳日干所生月內，有無力助，分輕重言之。運喜忌同上。

丙日定格曰：「丙日逢寅偏印生，卯月正印喜官星，辰初雜氣用食神，巳申定取建祿格，午火羊刃又傷官，未取傷官宜傷盡，申是偏財喜旺神，酉月財旺生官格，戌上雜氣爲食神，亥月偏印壬殺眞，子中正官宜旺官，丑宮分明是氣生。」

丁日定格曰：「丁日寅提正印評，卯上偏印格局眞，辰初雜氣戊傷官，巳上傷官偏生財，午中建祿分明取，未月食神獨可嗔，申內正財生官格，酉月偏財可追尋，戌中雜氣去傷官，亥月正官及正印，子月偏官七殺眞，丑月雜氣是財官。」

古歌曰：「丙丁正二印當春，壬癸多逢格最嗔，不忌浮財宜見化，遇辰月愛子運申。」

又曰：「丙丁夏月本炎蒸，富貴須憑別象稱，金水相逢渾有賴，用傷格破作高僧。」

又曰：「丙丁秋月總爲財，丁可通融丙忌哉，甲日怕逢兼怕刃，運行南地細推排。」

又曰：「丙丁冬月用當垣，從化都宜不帶根，官煞當時嫌日旺，無生淸用便爲恩。」

又曰:「丙日秋生官煞多，無生得化致中和，有生無制皆言弱，兩地財名坦復波。」

又曰:「丙申四月戊飛來，萬頃田園主富哉，最怕梟神同透土，平生辛苦命安排。」

又曰:「丙臨申位遇時辰，春夏生人煞最循，金水運逢雖皇澤，辰壬酉亥子中分。」

又曰:「丙生冬月喜逢辛，格內土來作吉論。時上不妨壬字見，有丁合化俱無嗔。」

又曰:「丙坐三支寅午戌，月逢火局總皆同，格成炎上多名利，士富嫌臨水戰功。」

又曰:「丙巳相逢本是傷，官星就見又何妨，火時土旺宜金水，時夏惟寅宜另詳。」

又曰:「丁生十月得寅時，化象成都富貴推，若再丁來暨辰戌，戊分官貴庶人期。」

又曰:「丁壬化木卯羊寅，無破提綱利祿新，官旺且宜身旺地，免逢充變虎愁坤。」

又曰:「丁日秋生格最佳，無根有煞兩榮華，有根無煞行南域，好似良瓊玷缺瑕。」

又曰:「丁卯秋冬煞疊昌，休來印綬助身強，美乎亥子嫌重火，火木如來反主傷。」

又曰:「丁生最怕午離間，金水無逢名利難，運往兌西成利祿，如何東地半愁顏。」

又曰:「丁根石竹水源胎，金水鄉來道利開，寅午戌方行補弱，官傷職掌庶生災。」

又曰:「丁日蛇提酉丑逢，水金運底利名通，柱中原有尤爲土，寅戌行來起戰鋒。」

又曰：「丁生卯月卯寅提，雖化壬兮本木枝，木火却當官煞旺，酉由運底動離悲。」

又曰：「丁日逢辰時戊申，傷官時內有生壬，煞星若出干頭上，會水相征禍始侵。」

又曰：「丁巳居蛇弟襲兄，寅申月令喜壬庚，兩行運用尊榮貴，相擊提綱禍始成。」

又曰：「丁戊傷官要見財，原無偏喜運重來，若逢寅戊雖爲咎，誰信子申更主災。」

第三節　戊己

戊土屬陽，乃隄岸城墻之土，止能拒水，不能種養萬物。凡城隄不有刑衝破害，人民得安，喜甲乙木，以煞化印之地，忌行西方。運縱發而當破當憂，要火生扶，嫌木尅制。戊己重犯，名利兩失。辛庚叠逢，作事進退。巳土屬陰，爲田地田園之土，可以種養萬物，要刑衝破害，即耕鑿之論。喜生春夏辰巳之鄉，乃官印之地。更不值傷官損印，發福。主爲人好置造田園豐盈。行東北方運尤妙。更兼亥卯未木，決主當貴人物，穩厚大寬小急。值辰戌丑未，乃背祿逐馬，及刼財刑傷破耗，訟累不一。

歌曰：「戊己日干尋水木，柱中原有還爲福。運臨北野及東方，德潤身兮富潤屋。」

戊己日生，坐下亥卯寅位，爲勾陳得位，運行宜水木分野。生亥子月，要引辰戌丑未己午時。若生辰戌丑未己午月，要引亥子時爲貴。蓋土得木而疏通，木賴土而培養。若木重而土少則崩，土重而無木，乃頑濁無用之土。己日丑年月，西方不吉，南方大顯。

（六戊日歌曰）子坐財鄉亦是祥，（子中癸旺自坐財鄉，見乙卯時貴，子己時爲金神化氣貴。）離南有破卻輝光。（戊午謂之日刃，喜刑衝破害，午中無水木，財官俱背，然南離火旺生四五月，印綬雖破，却有輝光。）在於申位財神旺，（申上壬生印絕，有財無官。）長生寅宮祿鬼昌。（寅上火生土秀氣鍾毓，甲水當權，身坐偏官。）辰上兼財居正位，（辰中壬癸入墓，乙木有餘氣，自坐財官。）戌中依火是專鄉。（戌上戊爲魁罡，財官俱背，柱中不見財官爲上。喜身旺重疊，忌刑衝。財官旺，則入別格。年月時中見財官，喜水木分野運。）柱中有用或無用，月令如何要忖量。

六戊日。除戊戌爲魁罡，其財官喜忌論於他編。其餘戊子戊午戊申戊寅戊辰五日用壬癸爲財，乙正官甲偏官。若年月時中透壬癸乙字，生春冬水木局中，財官有用。不透此三字，生春冬，及水木局中，亦作財官論。見戊己奪財，辛傷官，名利艱難。若生三秋四季及金土局，財官無氣，雖得滋助亦輕。喜行東北方水木分野，向官臨財之運，忌行四季西方敗財傷官之地。苦柱透申乙，官煞混雜，無制反賤，如無乙有甲無制，當作鬼論。要分身鬼強弱，定其吉凶壽夭。制伏中和作偏官用。太過反不爲福。更詳日干於所生月內有力無力有救無救，分節氣淺深輕重言之。喜身旺鬼衰運，忌身衰鬼旺運。

（六己日歌曰）酉中財祿兩相背，（酉中水敗木死，財官兩背。）卯遇偏官要力停。（卯中乙木專權身坐偏官須己土當令得地方是力停。）巳位豈能虧小信，（巳中水絕木病，丙旺，財官無氣。印却生身，丙寅時貴。）亥中終是得高名。（亥中身坐財官，見丙寅時貴。）未臨官庫時通貴，（未上有官無財，乃有木無水，見丙寅時貴。）丑坐財鄉月助榮。（丑上有財無官，見丙寅時貴。）中有榮枯千百樣，臨時消息要分明。

六己日用壬癸爲財，甲正乙偏官。若年月時干透壬癸甲字，生春冬水木局，財官有氣。如不透此三字，生春冬水木局，亦作財官論。見戊己奪財，庚傷官，名利艱難。若生三秋四季，及金土局中，縱有財官無氣，雖得滋助亦輕。喜行東北水木分野，忌傷官敗財運，怕官煞混雜，有煞無制，鬼論。制太過，貧。更詳日干於所生月內有無力助，分輕重言之。運喜忌同上。

戊日定格曰：「戊藏寅月殺拘印，卯是正官尋貴炁，辰內雜氣財官格，巳上取亦號建祿，午月刃取正印格，未上雜氣作財官，七月食神生財旺，八月傷官喜遇財，戌中雜氣分明取，亥月財殺格中眞，子提正財生官格，丑上雜氣號財官。」

己日定格曰：「己日寅月正官印，卯推七殺便是眞，辰是雜氣取財官，巳中正印格可清，午中建祿居此位，未上雜氣借財官，申月傷官眞論此，酉中食神亦可尋，戌月借取雜氣格，亥上正財生官格，子月偏財明伯刼，丑月雜氣取財官。」

古歌曰：「戊己當春官煞強，火金相見主榮昌，干支財透無臨刼，運向財鄉田舍郎。」

又曰：「戊己當時夏日期，土焦宜水乃相滋，木金得格成其器，印綬輕時怕水瀰。」

又曰：「戊己秋生本泄氣，少宜壬癸怕多逢，如專金用來靑亦，縱有財名亦酌中。」

又曰：「戊己冬生財利濱，柱中金水喜相親，水金得局空梟煞，貴比班超富季倫。」

又曰：「戊日申時金水生，更兼水局祿財成，如無梟煞來侵格，職位崇高莫與京。」

又曰：「戊壬合化在秋冬，遇癸逢壬化始通，火地財名功業就，最嫌梟煞兩相逢。」

又曰：「戊日如逢甲寅時，卻從煞格莫拘疑，運宜木火通名利，金水屏干入是非。」

又曰：「戊申辰子日時同，金用壬運水有功，辰巳丑申爲美運，午寅丙甲主貧窮。」

又曰：「戊日秋冬兩様之，偏財時見最爲奇，傷官歲月嫌梟煞，丑亥不如子戌巳。」

又曰：「己臨卯位透官星，木火重逢事業成，順得南方人富貴，水多金重更無情。」

又曰：「己生季月旺身時，不遇官煞旺何爲，命有財官如被刼，運行金木水鄉奇。」

又曰：「己亥日逢乙亥時，豈宜丁火柱中期，運行木火尤堪羨，金水重逢不是奇。」

又曰：「己生辰戌旺根夷，木破重重芽未衰，制運更愁驅煞起，煞鄉無謂就降猜。」

又曰：「己生夏日用辛庚，遇水西行事業成，酉丑喜連甲子吉，如逢木火病非坐。」

又曰：「己日如逢戌子時，節當官旺煞何疑，丙丁火印來相授，木進何愁金坐支。」

又曰：「己坐卯未逢卯月，天於透乙身更衰，棄命相從翻富貴，如行旺制便生災。」

又曰：「己日如逢丑寅時，身衰宜印貴無疑，行來木火愁金水，四季生人各另推。」

又曰：「己日加逢戌子時，財官疊見最相宜，若生季月多財祿，身旺用衰作別推。」

又曰：「己日秋生本用金，干頭卻喜木森森，乙連三四皆爲吉，遇甲相成入翰林。」

又曰：「勾陳得位號高強，木火雖宜忌火昌，四柱若無金作梗，一生名利入巖廊。」

第四節　庚辛

庚金屬陽，乃金銀銅鐵之類。稟太陽而成，要見丁火制之，方能成器。如見丙火，遇而不遇，喜行東南火木之運，頑金得制。如値寅卯臨於申乙，及巳午未官，是印元得氣之鄉，皆是發越。惟居西北方，爲金沉水底，是不能成器。

辛金屬陰，乃水銀硃砂赤碧珍珠之類，秉日精月華，秀氣結成。最要金淸水秀，土氣豐厚地方，並西北方運。如行辰戌戊己東南運，五行，四柱，不見丁火爲妙。見則不能成其器，如珠墜爐之喩，秀而不實。尤恐寅午成戌局，煞旺。要身強乃當其旺。柱有亥卯未，更見丙丁透，行午未運發福。己酉丑成金局，爲溫厚造化，行東方運大吉，不宜南。

歌曰：「庚辛日主號金干，水火相士福壽專。年月時中如會合，東西運步定居官。

庚辛日生，坐下寅午戌己火，又生寅午戌月，要引金土時，貴。秋三月，及季冬，或十一月，引木火旺時，大貴。運行木火分野，忌過與不及。偏陽偏陰，則苗而不秀。若通火月氣，非己酉丑申時不貴。運金土則吉。比肩三合成金局，金盛火微，喜行木火之運。故金非火，不能成其器。火無金，無以顯其用。金火相停，方爲乘軒服冕。若火太炎而無土，則金必敗。有土則爲鑄印之象。陶鎔革化而成器，大人之命也。火多金少，金盛火微，皆凶暴之輩。

（六庚日歌曰）居身建旺壽延長，（申上日德，自坐建祿身旺，故主長壽。）寅上雖絕反主昌。（寅中甲丙生旺身坐偏官偏財，胎生元命喜身旺化鬼爲官。）辰是魁星多榮勇，（庚辰魁罡身坐財鄉，謂辰中乙木餘氣，柱中不見財官爲上。喜重叠身旺，忌刑衝，財官旺苦入別格。年月時見財官，喜行火木分野之運。）戌爲魁宿亦心剛。（庚戌魁罡身坐七煞，謂戌中有旺丙，不宜重見丙丁，爲身衰鬼旺。五月生則發早退早。喜身旺忌刑衝。財官旺，應入別格。喜行水運忌行火運。）午宮有祿何憂困。（午上自坐官印，謂午中丁己，雖敗何憂。）子上無形不是良（子上木敗火滅庚死，謂金沉水底，不見其形，財官無氣，喜通身旺月，柱有丁火則吉。）須看天時分貴賤，柱中通變細推詳。

六庚日除庚戌庚辰爲魁罡，財官喜忌，論於他編。庚申庚寅庚午庚子四日，用甲乙爲財，丁正官丙偏官。若年月時透甲乙丁字，生春夏水木局中，財官有用。如不透此三字，生春夏火木局亦作財官論。見庚辛奪財壬癸傷官，名利艱難。如生秋冬金水中，財官無氣，雖得滋助亦輕，喜行東南水火分野，向官臨財之運。不喜行西北金水分野，傷官敗財之運。若柱有丙丁，官煞混雜，煞無制反賤。如無丁有丙，無制作鬼論。要分身鬼強弱，定其吉凶壽夭。制伏得中作偏官論。制過反不爲福。更詳日干於所生月內，有力無力，有助無助，分節氣淺深輕重言之。喜行身旺鬼衰運。

（六辛日歌曰）酉中坐祿最爲強，（酉中木絕火死，財官兩背，然辛建祿身強，見戊午丙申時貴。）亥上身臨沐浴鄉。（辛金生子，亥上沐浴；財生官絕。）未位嗜丁身尅剝，（未中木爲財，丁爲煞，巳爲倒食，尅剝傷身，喜身旺化鬼爲官，見丙申時貴。）丑中藏癸食榮昌。（丑中有癸爲食，無火木財官，雖背亦吉。）卯臨財地衰無懼，（卯上身生財，官謂木旺生火，見戊子時貴。）巳坐金局死不妨。（巳上身坐官印，謂丙戊建祿在巳。辛雖死地有倚，見戊子時貴。）旺相死囚分月氣，更看有用細推詳。

六辛曰，用甲乙爲財，丙正官，丁偏官。柱中年月時，透丙乙字，生春夏，及火木局中，財官有用。如不透此三字，生春夏及火木局，亦作財官論。見庚辛爲奪財，壬傷官，名利艱難。若生秋冬，及金水局，財官無氣，雖得滋助亦輕，運喜東南火木分野，向官臨財，不喜西北金水分野，傷官敗財之運。怕官煞混雜，有煞無制鬼論。制太過不福。更詳日干於所生月內，有無力助，分輕重言之，運喜忌同上。

庚日定格曰：「庚到寅官評財殺，卯月正財便生月，辰初雜氣戊偏印，巳上七殺號偏印，午月炎天尋正官，未申雜氣巳正印，申中便取建祿格，酉用羊刃格中飛，戌中雜氣去偏印，亥上食神喜身強，子月傷官眞可論，丑中只可作雜氣。」

辛日定格曰：「辛日寅財旺生官，卯月偏財是福基，辰是雜氣爲印己，巳上正官及正印，午月偏官喜梟神，未取雜氣巳偏印，申月借取傷官格，酉是建祿怕逢沖，戌中雜氣戊是印，亥月傷官喜見財，子月之中求食神，丑上下旬論偏印。」

古歌曰：「庚辛春月正逢財，最忌干頭比刧來，官煞要分嫌混雜，身強用吉乃康哉。」

又曰：「庚辛夏月兩分評，遇煞逢官各有情，庚遇亥壬煞喜制，辛逢丙合利名成。」

又曰：「庚辛秋月太身強，卯未逢支乃吉昌，庚遇午寅宜見水，辛遭丙衆喜非常。」

又曰：「庚辛冬月作傷官，丙丁無逢金水寒，甲乙相連分上下，稱心更要識悲歡。」

又曰：「庚生四月巳多逢，壬癸透壬作制功，南北兩行皆富貴，卻嫌戊甲在其中。」

又曰：「庚辛七八比肩來，格局無成又沒財，水用北行爲利祿，逢財爭競一時災。」

又曰：「庚金坐午又爲提，丁己齊明兩可宜，干支無丙來雜混，水絕肩多作富推。」

又曰：「庚居子午月逢寅，官煞相淆干上評，子午運中從咎起，戊壬若遇暗回明。」

又曰：「庚金冬月本元疲，壬癸多逢盜日脂，丙丁若來庚更暖，逢混都作利名推。」

又曰：「庚生寒月丙雙存，便是功名利祿人，行運柱中攻戰鬭，却愁稱意沒荆蓁。」

又曰：「庚逢寅午巳提綱，遇亥同壬利巳昌，丙火透丁無水制，不堪回首嘆淒涼。」

又曰：「庚子秋冬水局全，井欄叉格理誠淵，柱中無火方成貴，青赤交持未是便。」

又曰：「庚日都宜丑亥時，癸壬相見亦相宜，丙逢亦許居名利，土重財多反壞之。」

又曰：「庚逢壬癸在秋冬，有子生財各利名，時歲木星相合見，金方發達見梟平。」

又曰：「辛未辛卯坐支財，最宜丁丙向干來，月坐寅卯甲乙透，富比陶朱不用猜。」

又曰：「辛日提綱戌己寅，貴乎丙火擢元神，再財庶利官加爵，最怕相逢見亥壬。」

又曰：「辛金寒月兎猪羊，局會財成富貴詳，無火莫言金水冷，全陰福祿怕梟傷。」

又曰：「辛金最喜赤青逢，丁乙相逢名利通，青赤不加名利改，水金相見落殘紅。」

又曰：「辛衰春夏行西可，官煞秋冬南地凶，木火畏逢金水破，秋冬要火木重鎔。」

又曰：「辛日相逢丙甲壬，相生相益又相征，東南運底宜名利，西北無成向酉傾。」

又曰：「辛日東南丁酉時，火方名利却相宜，金強水旺虧財祿，西北風寒葉自飛。」

又曰：「辛日秋生怕煞肥，冬生水火喜東離，赤青月令嫌行木，無火傷官恨西酉。」

又曰：「辛日如逢寅午時，戌亥卯未亦如之，火明木秀財名就，事不偕兮金水依。」

第五節　壬癸

壬水屬陽乃甘澤長流之水，能滋生草木，長養萬物。獨喜春夏生人，秋冬值令，則無生意。若見寅午戌，官星得生助之氣，名譽自彰。金局生八月，名利兩遂。水局生三月，為天德主貴。地支亥卯未行南方運發財。癸水屬陰乃大海無涯之水，不能生長萬物，一云雨露潤澤之水，滋助萬物，喜春秋間，運行己午戌地，發福非常，大忌辰戌丑未運成敗，地支亥卯未合，傷旺益財，無寅甲，亦發名利，如見己土，丑未月，更帶三刑，平常衣祿，初中未濟，終未榮發，若五行有救，身旺運喜財官，亦主貴顯。

歌曰：「壬癸日生水為主，根基惟在火與土，春秋來往發財官，冬夏東行為得所。」

壬癸日生，坐下辰戌丑未己午為玄武當權，運行宜火土，分野，過與不及，偏陰偏陽，則貴而不實，若生四季己午月，引亥子時；或冬生，引辰戌丑未己午時，俱貴。非此時虛名虛利，運喜金水分野，生助為榮。無金則水絕，忌比肩刼財。冬十月，三合結局，水漲橫泛而土崩，故水無土則濫，土無水則乾。土得水而受潤通氣，水得土而成隄為河，二者不可偏倚。若更氣運得宜，無不貴顯。其刑合拱合等格，不在此論。

（六壬日歌曰）寅宮既濟最為奇，（寅上水火既濟，身坐財食生旺，見壬寅時貴。）子位衝刑反是宜。（壬子日刃飛天祿馬，喜刑衝破害，壬中己絕丙胎，財官無氣，取午中丁己故也。）申上逢生多透麗，（申中土敗火病，財官俱背，却為水長生學堂，聰明秀麗。）辰中建祿却卑微。（壬辰魁罡，柱中不見財官，喜重疊壓伏，忌刑衝，無土制禦則泛，雖是文秀，平生於功名中歇滅。若財官生旺，別入他格。柱中見財官，忌傷破，運喜火土分野運。）午為祿馬同鄉斷，（壬午為祿馬同鄉，身坐財官，為人伶俐，有謀斷，見壬寅時貴。）戌作財官雙美推。（壬戌日德，身坐丙戊為財官，名玄武當權，凡引用分野與辰午同。）造化窮通各有異，柱中配合要須知。

六壬日除壬辰，為魁罡，財官喜忌論於他編，壬寅壬子壬申壬午壬戌五日，用丙丁為財，己正官，戊偏官，四柱透丙丁己字，生九夏四季，火土局中，財官有用。如不透此三字，生九夏火土局，亦作財官論。見壬癸奪財，乙傷官，名利艱難。若生春冬，及水木局中，財官無氣，雖得滋助亦輕。喜行南方四季火土分野，向官臨財運。柱見戊己煞官混雜，無制反賤。如無己有戊，不見制伏作鬼論。要分身鬼強弱，定其吉凶。制伏得中作偏官論。制過不福。更詳日干於所生月內有無力助，分節氣淺深輕重言之。喜行身旺鬼衰運，怕行身衰鬼旺運。

（六癸日歌曰）卯爲日貴坐學堂，（癸卯爲日貴坐長生學堂，金神建旺，雖財官無氣亦吉。）巳建財官最吉祥。（癸巳爲日貴，身坐財官，印生旺，謂巳中丙戊建祿庚金長生，得丁巳時貴。）未上鬼傷因質朴，（未上身坐偏官偏財，喜身旺，化鬼爲官。）亥中官背卻榮昌。（亥中丙戊俱絕，財官俱背，卻喜亥多，衝巳中丙戊，飛來就癸，爲財官祿馬之貴。若得癸亥時，並衝方吉。）酉宮得救方無咎，（酉上癸水衰敗，財官無氣，要通身旺月爲貴。）丑位雖衝不作殃。（丑中羊刃，有官無財，己上專位七煞，喜衝破刃神，不爲災咎。）憂不憂兮喜不喜，月間休旺要參詳。

六癸日用丙丁爲財，戊正官，己偏官。若四柱透丙丁戊字，生九夏四季，火土局，財官有用。若無此三字，生九夏四季，火土局中，亦作財官論。見壬癸奪財；甲傷官不利。若生春冬，水木局中，財官無氣，喜行東方四季財官之運。怕煞官混雜，有煞無制作鬼論。制太過凶更詳日干於月令內有無力助，輕重之言。運喜忌同上。

壬日定格曰：「壬逢寅地號食神，卯上見印取傷官，辰是雜氣用七殺，巳取偏財並偏官，午月財官正兩全，未上雜氣取財官，申月偏印無別論，酉取正印怕逢財，戌月雜氣去七殺，亥未建祿初食神，子月之中羊刃格，丑中雜氣是財官。」

癸日定格曰：「癸日寅月取傷官，卯月食神定是眞，辰中雜氣是財官，巳月正財官便是，午月偏財又偏官，六月雜氣是七殺，申月正印怕逢寅，酉月偏印忌見比，戌中雜氣是財官，亥月借取傷官格，子中建祿定其眞，丑月雜氣用七殺。」

古歌曰：「壬癸春生喜會財，干支得上亦奇哉，無財營獲難成利，木過金多成斷亥。」

又曰：「壬癸生炎論旺賒，若逢梟印盛無涯，有根壬子歲成美，癸水無根作大家。」

又曰：「壬癸生臨旺九秋，功名火土遂情求，如無火土猶行北，幾度歡娛幾度愁。」

又曰：「壬癸時垣比刼逢，運歸旺地反成功，如逢火土從他格，食木飛刑又不同。」

又曰：「壬癸秋生比刼多，無財財地奈貧何，干支有土兼逢火，雨後桃天春已過。」

又曰：「壬生巳月戊丙該，煞印相逢大用材，癸日臨期應擬富，只愁原帶食傷來。」

又曰：「壬生七月印屬申，火木相逢便是春，無刼有官多吉慶，刼來得伴主薄貧。」

又曰：「壬坐申辰子亥中，比全水局甲無功，東南北地皆名利，金再相逢又是空。」

又曰：「壬月蛇提六獸支，內中壬午別為宜，餘逢陽土多尊貴，甲木飛來便可疑。」

又曰：「壬戌壬寅散月生，干頭喜透戊和庚，煞多尤利風雲會，富貴愁逢丙甲申。」

又曰：「壬申夏月赤黃時，干遇財官不是奇，庚戊若來成功妙，豈期丙申兩相依。」

又曰：「壬騎龍背喜風雲，財局之中亦自欣，遇甲全陽名利客，戊庚一見要詳分。」

又曰：「壬臨午位祿馬同，叠見財官富貴翁，春喜見金不怕木，如逢子月土成功。」

又曰：「癸居金局巳辰時，月值卯寅水木滋，最喜煞官來入格，平生名利自相宜。」

又曰：「癸日如逢己酉丑，時利庚申南地走，水火功名比刼嫌，財官入格命少有。」

又曰：「癸日多財春夏間，若成棄命福難攀，干頭官煞來相混，猶事驅馳不解閑。」

又曰：「癸生春夏食傷提，比刼重逢尅子妻，如得干支存火土，更行南地祿財齊。」

又曰：「癸日如逢己未時，煞星更怕戊來持，如或制壽行財地，不是人間富貴兒。」

又曰：「癸亥多肩九月生，金水運底最無成，若行南地無寅甲，富貴功名斷可成。」
又曰：「癸生秋月水金明，火土相逢便有情，比刼可圖南地祿，赤黃順北有功名。」
又曰：「癸生秋月印生身，丙火相逢亦不嗔，有土許成名利客，若逢寅甲喪青春。」
又曰：「癸居羊兎甲寅時，刑合格中最是奇，行運只嫌申午地，會青技上利名期。」
按上述五節，僅就大概而論，其吉凶仍須視全局而斷，不可拘泥。

第二章　十二月得日干定局

第一節　子月

甲乙日得子月，爲印綬，喜見官露印，忌坐天印，歲運喜忌同。
丙丁日爲官貴陰陽和合，喜露財官見三合六合官印合。須考月令中氣，身旺喜財官，身弱喜印旺。忌七煞傷官，歲運傷爲福之地。丁得子爲偏官。兩陰相攻，喜身旺有合制。忌身弱無合。露正官，及四柱帶多，無制伏，運喜身旺。合偏官，忌身弱。
戊己日爲財，喜露財身旺，忌坐刃透比，不遇亥子日生，雖爲財，運喜身旺與財。身弱喜旺忌刼。

庚辛日爲長生財，喜坐露財身旺，忌無財身弱，如四柱全無財星，便不是長生財，只是傷官背祿。月令須時帶偏官庚日丙時巳時辛日丁時午時，便爲有制吉。次宜日時，帶諸不見之形貴，如年日時之宮皆不遇，其命可知。行運身旺喜財，身弱喜旺，通忌比刼。

壬癸日壬爲旺，癸爲建祿，只是身強，奈名利二者卻被月令銷鎔盡了，頗宜時帶偏官貴，如壬日戊己時癸日己午時是也。次宜日時帶諸不見之形貴，如年日時之官皆不遇，其命可知，運喜行偏官忌正官。

古歌曰：「月支子木占魁名，溪澗汪洋不盡情，天道陽回行土旺，入間水暖寄金生，若逢午破應無定，縱遇卯刑還有情，柱內申辰來合局，卽成江海發濤聲。」

又曰：「丙丁日主月逢子，支下存申時又辰，火土旺鄉成富貴，再行金水禍難禁。」

又曰：「子宮有水金鄉旺，見土休囚忌破支元有土離逢水貴，午來冲破壽元終。」

又曰：「庚金遇水多強吉，火土相逢未必凶，運去元神番作貴，再行午運禍重重。」

又曰：「庚日逢寅午戌，行日通火局是提綱，如行金水番成局，火土又來禍怎當。」

又曰：「水歸冬旺樂無憂，透用財官富九洲，逆順不分還富貴，提綱刑尅事多休。」

第二節　丑月

甲乙日，日得丑月爲雜氣官貴，喜官星透，不透要衝，既透怕衝運喜行財，忌官藏無衝官煞混，及傷官。官愛多合身旺，喜財官運，身弱喜行旺地，忌煞傷歲。

丙丁日爲雜氣財，喜財透干，忌羊刃比肩運。身旺喜財，身弱喜旺，通忌刼敗。若不遇申酉丑日生，難爲財。

戊己日，爲餘氣財。月初小寒後七日半生，有癸水餘氣，無比肩敗財羊刃，亦能發財貨。如過期生，丑中無利無害平平。日時二宮能帶諸貴格亦可發。有餘氣財貴者，喜財露身旺。忌財衰身弱，運喜忌同。

庚辛日爲自庫之月，只得身強少病，多安壽考。月令中更無物可採，頗宜時偏官貴，及帶日時諸不見之形貴依然發福。時偏官庚日丙時巳時，辛日丁時午時，運喜行合偏官忌正官。

壬癸日，爲雜氣印貴，喜透印見官，及刑衝，忌印伏，歲運宜行官印之地，忌財傷印，餘同前論。

古歌曰：「隆冬建丑怯冰霜，誰識天時轉二陽，暖土誠能生萬物，寒金難道只深藏，刑冲戌未非無用，類聚雞蛇信有方，若在日時多水木，直須行入巽離鄉。」

又曰：「甲子生居丑月中，無根金水不嫌凶，再行金水聲名顯，水土相逢破本宗。」

又曰：「丙丁生火財中殺，四柱無根忌水鄉，運到火鄉如運助，須知顯振利名香。」

又曰：「壬癸生居丑月提，有金有土格中奇，順行辰巳興財祿，逆去升高申酉支。」

又曰：「戊土生居十二月，傷官財旺藏時節，水清金白助格中，若見火土多遇折。」

又曰：「己干提丑支金局，煞旺身強格局高，金水重來名利厚，財鄉火地不堅守。」

又曰：「丙日多根丑局逢，財官藏在月提中，水鄉有旺金鄉吉，土困行南總一空。」

又曰：「庚辛丑月申居正，火土來臨福祿齊，壬癸天干或透出，一見己土喜相疑。」

第三節　寅月

甲日得寅建祿，乙日旺相，月令中無格可取。只利得身旺年久，頗宜帶時偏官，及時日諸不見之形，貴。時偏官者，甲日庚時申時，乙日辛時酉時。如年日時三宮無格可取，終身可知。有偏官者，喜行合偏官運，忌正官。

丙丁日。為印貴，喜坐官露官再露印星。忌露財，宜行官印運，忌財傷印。

戊日，為偏官貴。兩陽相攻喜身旺，忌身弱。偏官有合莫制，無合要制。運喜身旺合制，忌身弱正官及再行煞鄉。

己日為正官，貴陰陽和合，喜坐露財，再露官星，三合六合身旺。忌七煞傷官。官愛明合。身旺，喜行財官。身弱喜旺，忌七煞偏官。

庚辛日為財，喜財多露身旺，忌坐刃透比身弱。不遇寅卯日，難為財運，身旺喜財，身伏喜旺，忌刦同。

壬癸日，為長生，則喜財透干，忌伏藏。如柱無財透，便不是長生財，只是傷官背祿。月令頗宜時上偏官。壬日戊時巳時，癸日巳時午時。須及年日時，諸不見三形貴。如三宮皆無格，難言好命。運身旺喜財，身弱喜旺。忌身弱正官。

古歌曰：「艮宮之木建於春，氣象三陽火在寅，志合蛇猴三貴客，類同卯未一家人，超凡入聖惟逢午，破祿傷提獨慮申，四柱火多嫌火地，從來燥木不南奔。」

又曰：「正月寅官元是木，木生火旺得長生，戌兼午未宮中喜，申酉休囚數莫行。」

又曰：「寅月重逢午戌亥，庚辛爲主兩推推，無根有力方宜火，主弱休囚怕水來。」

又曰：「如用寅官木火神，南方干未祿才欣，逆行戌亥還當旺，破損憂愁見酉申。」

又曰：「庚辛主弱逢寅月，午戌加臨會殺星，日主無相宜透土，逆行金水福隆興。」

又曰：「戊己身衰喜見寅，重重宮殺必榮身，只宜木火相生吉，運到西方怕酉申。」

第四節　卯月

甲日得卯旺相，乙日得卯建祿。甲乙生卯月，諸格無取，只利得身強命長，頗宜帶時上偏官，及諸不見之形貴。偏官者甲日庚時申時，乙日辛時酉時。若年日時三宮無此，其命平常。原帶偏官喜合忌正官運。

丙丁日爲印，喜露官印二星，忌天財，運同。

戊日爲正官，喜坐財露官，三合六合身旺。忌煞傷官愛多合。運：身旺喜財官；身弱喜旺；忌七煞傷官。

己日爲偏官，喜身旺有合，無則要制。忌身弱無合，及露正官，運喜忌同。

庚辛日，爲財，喜透。自旺不坐寅卯日，難爲財，忌坐刼露比。運身旺喜財，身弱喜旺，忌刼比同。

壬癸日，爲長生財，喜坐露財。如柱無財，便不是長生財，只是傷官背祿。月令頗宜帶時上偏官偏財，如壬日戊時巳時，癸日己時午時，須是帶諸不見之形貴；運身旺喜財。身弱喜旺，帶偏官者喜合偏官，忌刼財正官。

古歌曰：「卯木繁華氣稟深，仲春難道不嫌金，庚金疊見愁甲酉，亥子重來忌癸壬，禍見六冲應落業，喜逢三合便成林，若歸時日秋金重，更向酉行患不禁。」

又曰：「丙丁二月身逢印，大怕庚辛酉丑傷，水運發榮木火旺，酉方行運定遭殃。」

又曰：「甲日卯月重逢丑，格中有大不須嫌，再行火土興財祿，歲運宜金怕水纏。」

又曰：「木正榮於卯月中，若將爲用喜生逢，北方亥子成名利，午未行來助福濃。」

又曰：「巳卯日主當二月，煞星有露福偏奇，只宜木火重迎見，金水來行數必虧。」

又曰：「庚辛卯木多逢木，日主無根怕旺財，南北兩頭多有破，如逢申酉福方來。」

又曰：「卯宮大怕遇金降，火旺根深制伏強，四柱有金嫌己丑，運來酉土定須傷。」

又曰：「癸日無根卯月逢，局中有火返成功，如行身旺多財福，苦到官鄉數必終。」

第五節　辰月

甲乙日生辰月，爲雜氣印，喜見官星，及印露。不露要衝。既露怕衝。忌見財多傷印運，喜忌同。

丙丁日，爲雜氣官，喜官透。不秀要衝。見財，身強發福。忌官伏無衝，及煞傷運。身強喜財，官弱喜旺，忌煞傷。

戊巳日爲雜氣財，喜財露旺。不露要衝，忌財伏無衝，坐刃比肩。不坐亥子辰日難爲財。運：身旺喜財，弱喜旺，忌刼同。

庚辛日爲餘氣財。貴清明後七日半，有乙木餘氣，方可發。如月初生，無比刃奪財，皆可發。過期則辰中無利無害平平。如日時帶諸貴格，亦發運。有餘氣財身旺，喜財地，忌身弱刼地財衰。

壬癸日，爲自庫，只是身強少疾，月令無貴可取，頗宜時上偏官，及日時諸不見之形貴，依然發福，勿拘月令。運如時偏官者，喜行合制，忌行正官傷官。

古歌曰：「辰當三月水泥濕，長養堪培萬物根，雖是甲衰乙餘氣，縱然壬墓癸還魂，直須一鑰能開庫，若遇三刑卽破門，水上重逢西北運，只愁厚土不能存。」

又曰：「三月辰宮只論土，煞多金水化爲祥，提綱若用財官印，金木相逢命有傷。」

又曰：「戊土無根日坐寅，重重水旺福財深，如行火木宮中吉，金水相逢禍必侵。」

又曰：「三月干頭只用金，火生土厚福還眞，身爲壬癸多逢土，火旺提防禍必臨。」

第六節　巳月

甲乙日得巳月，爲財貴，不生於巳午日，難爲財。亦名長生財。貴戊土露，則財星愈光。丙火露，則財神益壯。喜身旺財露，忌坐刃露比。運身旺喜財，身弱喜旺。

丙日建祿丁旺相，丙子生巳月，無可取用爲福，只是身旺年長，頗宜時帶偏官及日時之貴格。又丙丁巳月，亦是長生財，貴要財露。如不露，只是傷官背祿。月令是長生財，喜行財運。帶偏官，喜合運。忌刼財正官。

戊己日爲印，亦爲建祿，何以別之？只年月時露丙火爲印：丙不露，更有壬癸字者，只是建祿印綬貴，喜露官星及行官印之地。忌傷官運。如建祿時，宜帶偏官。喜自身強旺，運宜合偏官，忌正官。

庚日爲偏官，貴印與同宮，喜身旺合制，有合莫制，忌身弱無合，正官印亦同論，忌再見偏官，全無制多夭獨。庚申日則不然。何者？巳中有土，能生金，金旣長生，又自坐祿，何夭之有？更看壬露無丙，癸露無丁，甲露戊衰，乙露己病之機，何如？辛日爲正官，辛爲天德，喜官再透，及財露。官愛多合及三合六合之地。忌坐七煞傷官。運：身強喜財官，身弱喜旺，忌七煞傷官。

壬日，爲偏官，喜身強。偏官有合莫制，忌身弱露官。運喜身旺合偏官，忌身弱旺官，全無制伏，多夭。（巳中藏戊）

癸日爲正官，喜露財官，三合六合身旺。忌七煞傷官。官愛多合，運喜身旺，及官印之地。弱則喜印，忌煞。

古歌曰：「巳當初夏火增光，造化流行正六陽，失令庚金生賴母，得時戊土祿隨娘，三刑傳送翻無害，一遇登明便有傷，行到東南生發地，燒天炎焰不尋常。」

又曰：「甲乙如臨四月天，木鄉水旺振財源，北方水地多凶破，酉丑相逢我便言。」

又曰：「四月干頭水土逢，火鄉木旺祿還通，如行金水多成敗，更怕提綱物對冲。」

又曰：「金水干頭四月胎，土爲正印木爲財，身強土厚宜金水，日主輕浮怕水來。」

又曰：「壬日巳月多火土，無根無印怕財鄉，順行申酉昇名利，逆走東南壽不長。」

又曰「四月金生火旺土，三般神用要分明，財官印綬藏宮內，運看高低仔細尋。」

第七節　午月

甲乙日得午月，爲財貴，亦爲長生財。己土露，則財愈顯；丁火露，則傷益壯。喜身旺，忌刃比。運身旺喜財，身弱喜旺，忌比刼。

丙日旺相，丁日建祿。丙丁人生五月，無可作福，只身旺年長，頗宜時帶偏官，及日時諸不見之形貴。又丙丁生午月，是長生財貴要財露。如財不露，只是傷官背祿。月令帶偏官者，喜行合制運。有長生財者，喜行財運。

戊己日爲印，亦爲建祿。何以別之？年月時干露。丁爲印，喜透官印。露財無印，作建祿論。

庚日正官星，身弱喜旺，忌七殺傷官，及歲運傷爲福之地。

辛日偏官，喜身旺合制，有合莫制，亦利土出火藏，忌身弱無合，及正官。運喜身旺，合偏官，忌正官，及再見偏官。

壬日正官正財，喜身旺二合六合，忌七煞傷官，官愛多合，運行身旺喜財官，身弱喜旺。忌七煞傷官，歲運傷為福之地。

癸日為偏官，喜身旺，偏官有合莫制，忌身弱無合，正官運，喜忌同。

古歌曰：「五月炎炎火正升，六陽氣逐一陰生，庚金失位身無用，己土歸垣祿有成，甲子齊來能戰剋，戊寅同見越光明，東明正是身強地，西北休囚己喪刑。」

又曰：「五月宮中正火榮，高低貴賤兩分明，財官並用宜生旺，化殺欣逢要太平。」

又曰：「五月炎炎則論火，如逢水火自然興，西方金水多防剋，丑上須知怕子迎。」

又曰：「午宮怕水子來沖，用火逢沖數必凶，日主庚辛如會煞，運中逢此返成功。」

又曰：「財官印綬如藏午，西北休臨甲子辰，木土火鄉還富貴，再行申酉我災重。」

第八節　未月

甲乙日見未為自庫，月主身強少病，但無一物可用為福。亟宜時偏官，及日時帶諸貴格，不必拘月令，運喜合偏官，忌正官，再見偏官。

丙丁日，雜氣印喜官及印露不露，要衝，忌印伏無衝與財。運喜官印，忌傷官，歲運傷為福之地。

戊己日雜氣官貴，喜身旺與財，及官透。不透宜衝，官愛多合，忌官伏無衝，兼煞混傷官。運：身旺喜財，身弱喜旺，忌七煞傷官運歲傷爲福之地。

庚辛日雜氣財，喜身強財透旺，不透要衝，忌財伏無衝，羊刃比肩。運：身旺喜財，身弱喜旺，忌比刦及歲運傷爲福之地。

壬癸日，爲餘氣財。如遇小暑七日後生，則不爲雜氣，爲長生財貴，小暑七日半生，有丁餘氣，謂之祿馬同鄉，無傷官無奪財，頗能發福。如過期生未中，無物可取，主平常。喜官透財露身旺，忌七煞傷官。運：身旺喜財，官弱喜旺，忌七煞傷官同。

古歌曰：「未月陰深火漸衰，藏官藏印不藏財，近無卯亥形難變，遠帶刑沖庫亦開，無火怕行金水去，多寒偏愛丙丁來，用神喜忌當分曉，莫把圭璋作石猜。」

又曰：「未月支藏木火時，不分順逆格高低，南方行去東方旺，酉位休愁戌亥虧。」

第九節　申月

甲日申月，爲偏官，喜身旺合制，忌身弱正官。運亦然，尤忌再見七煞。

乙日申月爲正官，喜身旺露官透財，三合六合，忌七煞傷官，官愛多合。運身旺喜財弱喜旺，忌刦財。

戊己日，爲長生財，喜財露。如柱中無財便不是，只是傷官。月令宜時帶偏官，及諸貴格。月令雖有長生水爲財，內有戊土爲害。運喜行長生財爲妙。身強喜財弱喜旺，時偏官喜合制，運忌正官身弱。

庚日爲建祿，辛爲旺相，月令別無可取爲福。只是身強年長，頗宜時帶偏官，有合莫制，有制莫合，運忌正官。

壬癸日爲印，喜露官透印，忌財，運亦如之。

古歌曰：「申金剛健月支逢，水土長生在此宮，己午爐中成劍戟，子辰局裏得光峯，木多無火終能勝，土重埋金却有凶，欲識斯神何所似，溫柔珠玉不相同。」

又曰：「印綬財官月建申，北方回喜福還眞，水漢金旺多生貴，大限行來最怕寅。」

又曰：「庚辛二日藏申月，有官有印有財星，逆行辰巳榮財祿，北地須知富貴成。」

又曰：「壬癸生臨七八月，火土多厚北方奇，無傷無破休行水，帝旺臨官運不宜。」

第十節　酉月

甲日酉月，爲正官，喜身旺，露官見財，三合六合。忌七煞傷官，官愛多合。運身旺喜財，官弱喜旺忌七煞傷官。

乙日得酉月，爲偏官，喜身旺，有合莫制，有制莫合。忌身弱正官，運亦如之，再忌見七煞運，

丙丁日爲財，喜身旺露財官，三合六合。忌刑衝破害，比肩刦財。運身旺喜財，身弱喜旺，忌刦奪。

戊己日，爲長生財。如柱中不帶財露，便不是；只是傷官月令。頗宜時帶偏官，及諸貴格。偏官格，喜合制。運身旺喜財，身弱喜旺、忌刼財。

庚日，有旺相辛日爲建祿，月中無物可取，只是身旺年長，頗宜時帶偏官，及日時諸貴格。有偏官，喜合，或制，忌正官，運亦然。

壬癸日，爲印，喜露透印忌財，運亦如之。

古歌曰：「八月從魁巳得名，羡他金白水流清，火多東去秋寅卯，木旺南行怕丙丁，柱

見水泥應有用，運臨西北豈無情，假饒三合能堅銳，不比頑金來煉成。」

又曰：「甲乙無根八月逢，庚辛金旺不嫌凶，北方水運財星足，逆走南方得失中。」

又曰：「酉月藏金乙日逢，北方亥子水重重，離明午未財權重，己丑加臨壽必終。」

又曰：「甲乙酉月多官煞，無根日主一生低，北方順走休臨丑，逆走南方己上虧。」

又曰：「丁生酉月天午癸，去煞方能可去財，有氣保身存印綬，無情行到水中來。」

又曰：「秋金酉丑重金旺，除非火鍊有聲名，東方行去盈財祿。西北來臨禍必傾。」

又曰」酉爲印綬火爲財，食用傷官一例排，金水相生榮福厚，南方休到午中來。」

第十一節　戌月

甲乙日，戌月，爲雜氣財。喜生旺財透，不透要衝。忌財伏無衝及比肩羊刃。運亦然。

丙丁日爲自庫月，亦主身旺年長，戌中無物可取爲福，只宜時帶諸貴格爲妙。運亦然。

戊己日爲雜氣印，喜正官印透，不透要衝。忌印伏無衝，有財傷印。運忌傷官傷印。

庚辛日爲雜氣官貴要身旺印全。如官透衝則用官貴。印透衝，則用印貴。不透要衝，忌官伏無衝，官愛多合。運：身旺喜財官，身弱喜旺，忌七煞傷官。

壬癸日，爲雜氣財，要身旺，財官雙全爲貴財透衝，則用財；官透衝，則用官。不透要衝。忌財伏無衝。運身旺喜財，身弱喜旺，忌劫奪。

古歌曰：「九月河魁性最剛，譭云於此物收藏，洪爐巨火能成就，鈍鐵頑金賴主張，海窟冲龍生雨露，山頭合虎動文章，天羅雖是迷魂陣，火命逢之獨有傷。」

又曰：「九月戊中藏火土，庚辛不忌日無根，格中若有財官印，運到南方福祿真。」

又曰：「甲乙秋生九月中，火衰金旺怕庚辛，如臨木火興家計，金水方來禍便臨。」

又曰：「財官印綬九月臨，發旺身騰見卯寅，順去北方行子丑，逆行嫌酉破逢中。」

又曰：「戊月金生藏火土，或行南北或行東，不分順逆高低格，大運逢辰壽必終。」

又曰：「壬日無根戊己多，生居九月忌財過，逆行休用南方午，寅丑如逢奈若何。」

又曰：「丙丁日主戌中旬，財透天干作用神，此格傷官煞喜旺，只愁身旺又傷身。」

第十二節　亥月

甲乙日得亥月爲印，喜露官透印爲福，忌財，運亦然。丙日爲偏官，有合莫制，有制莫合。喜身旺，忌身弱，正官，歲運同丁日爲正官，喜透財露官身旺。忌七煞傷官多合。運亦然。
戊己日爲財，要財露身旺，忌羊刃比肩身弱。運亦然。
庚辛日爲長生之財，如柱中全無財露只是傷官背祿，月令頗宜時帶偏官日時諸貴格。喜財露，日旺忌無財身弱。運亦然。
壬癸日。日壬爲建祿，癸爲旺相，福無可取，只是身旺年久，頗宜時帶偏官，及日時諸貴格。如得時偏官。運喜行合偏官忌正官。
古歌曰：「登明之位水源深，雨雪生寒值六陰，須待勝光方用土，不逢傳送浪多金，五湖歸聚原成象，三合羈留正有心，欲識乾坤和暖處，卽從艮震巽離尋。」
又曰：「木水生居亥月乾，財官印綬喜相連，用任運旺西方去，用木須欣寅卯邊。」
又曰：「亥月壬殺喜東南，來至東南發顯官，本運愁逢金水地，再行西兌壽難完。」
又曰：「財官印綬立乾宮，水木相主福祿通，喜水喜金嫌火土，運行最怕巳刑冲。」
又曰：「水旺當生亥子宮，根多火弱格中逢，重行火土財官旺，運到西方一路通。」
又曰：「日主無根干上金，月通亥子土來侵，只宜印綬榮身位，何怕提綱損用神。」

第四編　女命

第一章　總論

或問婦人何利，利在夫星，夫利其婦必利，夫困其婦必困，婦人從夫，先觀夫星，以定出身之貴賤，再看子星以察晚年之榮辱。官煞財得地，夫利也。食神得地，子利也。夫利則出身富貴，一生享福，子利則晚年厚養，褒寵誥封，然亦有旺夫者，以食生財，財生官故耳，反是則否，女命以尅我者爲夫，我生者得子，皆要得時乘生旺之氣，若旺氣只聚於時，亦可用官爲夫，不要見煞，用煞爲夫不要見官，一位爲好，有兩位官星，無煞以雜之，四柱純煞，無官以混之，俱爲良婦，更得本身自旺尤佳，但旺不可太過，食爲子息，引歸時逢旺再得二德扶助乃夫貴子榮之命，不宜身旺重疊，暗藏夫神及傷官七煞魁罡相刑，羊刃太重，合多有情，皆主不美，歲運亦然，看有八法，須詳細之。

「純」純者一也。如純一官星，或純一煞星，有財有印，不值刑衝，不相混雜是也。

「和」和者恬靜也，如身柔弱，獨有一位夫星，柱無攻破衝擊之神，稟其中和之氣，則爲和也。

「清」清者潔淨之稱，女命或一官一煞，不相混雜，謂之清，要夫星得時，柱有財生官，有印助身，無一點混濁之氣，方爲清貴。

「貴」貴者尊榮之號。命中有官星得財氣以相資，三奇得其宗，四柱不值鬼病，乃女命堯舜也。經云、「無煞女人之命，一貴可作夫人。」又云：「女命無煞逢二德，可兩國之封。」二德者非獨天月二德，卽財爲一德，官爲一德，加之印食，愈爲貴也。

「濁」濁者混也，乃五行失位，水土互傷，其身太旺，正夫不顯，偏夫叢雜，柱多分刼，無財官印食，爲下賤村濁或娼妓婢妾淫巧之人。

「濫」濫者婪也，謂柱中明有夫多，暗中財旺，子支又多帶煞，必因酒色，私暗得財，此等之命，或爲奴婢，或剋夫再嫁。

「娼」娼者妓也，乃身旺夫絕，官衰食盛，或柱中不見官煞，或有而傷官傷盡，或官煞混雜，而食神盛旺，此必娼妓之命，否則爲師尼婢妾，尅夫淫奔。

「淫」淫者泆也，乃本身得地，夫星明暗交集，謂日干自旺，柱中皆官煞是也，在干者爲明，在支者爲暗，四柱太過，如一丁見壬，壬及辰子多之例，謂之交集，於人無所不納也。

第二章　吉凶祕衡

「旺夫傷子」夫女人有旺夫傷子者何，此法皆時上推之，時爲歸宿之地，夫子二星引歸於時，夫星生旺，子星衰敗是也。

「旺子傷夫」有旺子傷夫者何，此法專以月時推之，謂尅我者爲官，爲夫，有氣得時，則夫發福，若支干失位，不得月氣，柱中又逢衝尅，時上又無旺氣，而巳坐之子，引至時上，逢長生臨官帝旺之地，又無刑剋，是旺子傷夫也。

「傷夫剋子」傷夫尅子者，乃夫星干支失位，生月失時，柱中又逢衝尅，時支亦不生扶，兼且印綬重逢，盜夫之氣，尅子之甚，夫子不能旺，反絕於時是也。

「安靜守分」安靜守分者，乃夫星有氣，日干自旺，相停無尅，不値刑衝，財食得所者

是也，

「橫夭少年」夫橫夭少年者，造化之窮絕，格局之變異也，有懸梁溺水血產少亡，被人殺死若此者何，乃身弱而遇煞重，煞多尅身又帶刑衝破敗之類，或命中元有官星受傷行運復遇官鄉或無官見傷運復臨官之類，或帶刃無制，運行合刃之地，及亡神刼煞等類，此皆橫夭類也，不獨女命有之，男命亦同。

「福壽兩備」夫福壽兩備者，造化之中和，格局之純粹也，有享用一生，永錫難老，若此者何，乃身坐旺鄉，通於月氣，支干相輔，更帶財官印綬各得其位，不行脫財壞印傷官之局，尤喜食神天廚，若身旺而逢行財食之鄉，此皆福壽兩備之命也。

「正偏自處」夫正偏自處者何也，乃夫婦相合，復遇比肩分爭，如一位夫星，有兩位妻星相合，謂之爭合，若本身自旺，彼身值衰，四柱不衝，則我正而彼爲偏，若彼旺我衰，四柱衝我，則彼正而我爲偏矣，蓋我身旺有氣，則夫從我爲正，我身衰而別位旺，則夫從別位，我反爲偏，謂之彼旺，爭去我夫，我只得爲偏，或自旺太過。柱無夫星者，亦爲偏，或官煞混雜，或傷官太重，亦爲偏，更淫濫。

「招嫁不定」夫招嫁不定者何也，乃月令中有夫星透干，與己相合，己身從伏，其夫星卻無氣，時引夫星，或煞星卻乘旺地，來尅己身，又從伏偏夫，故謂之招嫁不定。若夫星不旺，或受剋制，必嫁夫遲，或嫁不明，或夫不濟事，或有外情。（以上卽所謂八格）

第三章　古說集覽

論曰，凡觀陰命，先推夫子興衰，欲究榮枯，次辨日時輕重，官為夫，財為父，財旺夫榮，食為子，印為母，印盛子衰，日干不宜太旺，月氣務稟中和，日主旺相奪夫權而孤苦，月令休囚，安本分而持家，官星得地，夫主榮華，傷官無剋，子當貴顯，有官而不可見煞，有煞而不可逢官，設使官煞混雜，為人安得禎祥，官星無剋值二德，可兩國之封，七煞有制遇三奇，為一品之貴，喜食神而制煞生財，惡傷官而尅夫盜氣，貪財壞印，豈是良人，用煞逢官，非為節婦，孤貧下賤，蓋因子死體囚，富貴崢嶸，只為夫興子旺，官太旺，公壽難延，財重疊，婆年早喪，身居旺地，雖富足夫子刑傷，日值衰鄉，縱貧寒夫子完聚，自旺而巧於婦業，日衰而拙於女工，貴神一位，不富卽榮，合神數重，非尼卽妓，貴人乘驛馬，決主風塵之美妓，官星帶桃花，定為深院之良夫食神獨者安和，而有子有壽合貴重者嬌媚，而多賤多情，桃花不宜倒插沐浴最忌裸形，犯之者多爲侍妓，値之者定作師尼，四仲全乃酒色荒淫之女，四孟備乃聰明生發之人，未丑刑而不忌，戌辰衝處非良，大抵夫星要値健旺，已身須稟中和，食神不可刑傷，子星要臨生地，印綬生身一位則可，財神發福多見無傷，財強身弱，不能發福，身強財弱，安得爲良，傷官疊遇，尅夫星而再嫁之人，印綬重逢，不死別卽生離之婦，刑衝羊刃，惡狠無知，破害金神，血光產難，四柱無夫。不偏房定爲續室，八字空亡，非寡鵠決是孤鸞，大槩貴賤觀其夫位，榮枯究其財官，此爲天依乎地，地附乎天，故貴者隨夫而貴，貧者隨夫而貧，前八法以泄其玄機，後八格仍明其奧旨，倘有缺誤，俟知者擇焉。

涇渭篇云：「乾道成男，坤道成女，陰陽剛柔，各有其體，故女命以柔爲本，以剛爲刑，以清爲奇，以濁爲賤，故三奇得位，良人萬里封侯，二德歸垣，貴子九秋步月，一官一貴，烏雲兩鬢擁金冠，四煞四空，皓月滿懷啼玉筯，官行官運，鏡破釵分，財入財鄉，夫榮子喪，衣錦藏珍，官星有氣，堆金積玉，財庫無傷，大抵官多不榮，財多不富，用正印而逢梟，蘭堦夜冷，用梟神而遇印，玉樹春榮，金清水冷，日鎖鸞臺，土燥火炎，夜寒鴛帳，羣陰羣陽，清燈自守，重官重印，綠鬢孤眠，田園廣置，食神得位不逢官，粟帛盈餘，印綬失時還遇煞，傷官不見官星，猶爲貞潔，無食多逢印綬，反作刑傷，窮梟見食，坐產花枯，惡煞混官，臨春葉落，遠合勾情，背夫尋主，衝官破食，棄子從人，財衰印絕，幼出娘門，身旺印強，早刑夫主，五煞簪花，日夜迎賓送客，三刑帶鬼，始終剋子傷夫，楊妃貌美，祿旁桃花，謝女才高，身乘詞館，華蓋臨官，情通僧道，孤神坐印，身受尼姑，胞胎常墮，食旺身衰，鸞鵠頻分，官輕比重，姊妹剛強，乃作塡房之婦，財官死絕，當招過繼之兒，官臨財地，必榮夫身，入財鄉須剋子，煞梟破祿相連，墮冰肌於水火，比刃遭刑喪局，掩玉骨於塵沙，交馳逢驛馬，母氏荒涼，差錯對孤神，夫家零落，五馬六財，窮敗比肩之地。八官七煞，分離刑害之鄉，刑空官煞，幾臨嫁而罷濃粧，衝剋印財，縱得家難成厚福，不若藏財不露，明煞無傷，重印行財，多財遇印，四敗匪佳人之有辛，四衝豈良婦而無嫌，水聚旺鄉，花街之女，金成秀麗，桃洞之仙，四生馳四馬，背井離鄉，三合帶三刑，傷夫敗業，暗煞逢刑，囊砧不善，明官誇馬，夫主增榮，黃金滿籯，一財得所，紅顏失配，兩貴無家，先比後財，自貧至富，衝官合食，靠子刑夫，死絕胞胎，花枯寂寂，長生根本，瓜瓞綿綿，合貴合財，珠盈金屋，破財破印，衾冷蘭房，呂后名馳天下，只緣陰併陽剛，綠珠身墮樓前，蓋是梟衝煞位，秋水通源，剔眸立節，冬金坐局，斷臂流芳，娣妹同宮，未適而先抱恨，命財有氣，配夫到老無憂。」

通明賦云「女人之命，一貴爲良，食重孤孀，貴多淫賤，二德眞貴，封贈可知，三奇眞畏，國號自至，金木有堅心之淑德，水火生亂性之虛花，五行偏喜休囚，四柱不宜生旺，富貴貧寒，全憑夫子。」

繼善篇云：「女人無煞，一貴可作良人，貴衆合多，必是師尼娼婢，傷官剋則食絕孤苦，夫健旺則子秀身榮。」

玉振賦云「陰命印重本絕嗣，運行官煞反吉，女犯傷官須剋配，運入財旺亦佳，棄命就煞，必配名家，專祿食神，斷受誥命，孤鸞最利於七煞，桃花喜帶乎官星，富貴太多，非偏房即爲舞妓，會合過盛，不媒妁則是尼姑，甲木坐申透庚金，子都西子，丙火坐申時壬水，大喬小喬。」

又云：「庚寅戊寅，縱遇破敗猶得，已卯癸未，休教紅豔相侵。官臨墓絕之地，老困嬌娘，夫居雜氣之中，最宜佳婦，官得令而逢傷，反作奴婢，煞當權而有制，當爲正室。」

又曰「日刃逢煞，不偏則尼，月傷疊刃，非奴則婢，傷官奪夫之柄，化煞助夫之賫，桃花喜共官星。紅豔休同煞伴。」——按紅豔等殺，絕無理由，不足信。

又曰：「寒衾少怨，命值孤鸞獨枕早孀日臨寡鵠，孤鸞若遇夫星，必多子女，天德如逢煞化，定盛婢奴。」

又曰：「一片比肩，官地爭夫擬定，渾身泄氣，印星望嗣堪求。

又曰：「旺夫傷子，乃官令而印強，旺子傷夫，因食時而官絕，印重盈盤，遇富夫而多得子，食清值令，得壯妹必許夫榮，印重官輕奪夫權。鳳舞鸞飛坑婢命，天月二德無他亂，衣錦冠金羊刃七煞無善降，身塵髮垢，一逢陰煞非守志，必也無兒，兩透陽傷且強，身而不剋婿，日刃時刃最忌生產，食神反破難與留胎，官臨死絕知夫喪，梟遇驅除斷子來。」

又曰：「何知夫得貴顯，子得官榮。食附官而可知，官卽食而可見，先後興衰，倚夫星之好惡，始末盛替，察子運之榮枯。」

壺中子云：「發明足豔，大乙多淫，木盛則妖妍，水澄則清潔，金多千折，大致剛強，土則富厚。」

又曰：「負天月二德，則霞帔金冠，得祿命身三財，則夫榮子貴，切嫌者陰刃，妨害骨親，最忌者純陰，不宜子息，骨髓破殃羅內外，薦枕星招涉是非，鴛鴦憚於女命，傾國傾城，官鬼旺於貴垣，鳳冠霞帔，花釵與桃花相犯，暮雨朝雲，貴人共天喜爭竄，踰垣鑽穴。」

古賦云：「女人無煞，一貴何妨，喜逢天月德神，忌見煞官混雜，貴衆則舞裙歌扇，合多則暗約偷期，五行健旺，不遵禮法而行，冠帶互逢，定播風聲之醜，迴眸倒插，泛水桃花，沐浴裸形，螟蛉重見，多為婢妾娼尼，少有三貞九烈，雙魚雙女號淫星，不宜多犯，官星七煞曰夫主，忌見重逢，寅申互見性荒唐，巳亥相逢心不已，或有傷官之位，不遠嫁定見剋夫，重臨梟印之神，匪生離終須死別，四柱有官鬼入墓，使夫星已入黃泉，歲運臨夫絕之宮，俾鴛配分飛異路」

又云：「欲觀女命，先看官星，官帶煞而貧賤，官得令以安榮，傷官太重必妨夫，且是為人性重，倒食重逢須減福，那堪更犯孤神，煞重須從貴室，合多定損貞名。坐祿乘輦而穩重，逢衝遇馬以輕浮，桃花浪滾，淫奔之恥不堪言，日祿歸時，貴重人欽尤足羨，天月二德，以為本命，如逢印綬，貴當兩國之封，時日羊刃，本是剛神，不利夫官，損壞平生之性，時犯金神健旺，要觀八字之強，專食子榮，切忌偏印，守閨門而正靜，必由陰日得中和，代夫婿以經營，此乃陽干支旺甚，欣逢正祿，怕死咸池，清秀得長生之輔，濁雜值暴敗之歸，四柱敗多，大忌衝身而逢合，一生忙甚，若是非妓卽爲婢，印重與公姑相妬，食專得子息之宜，官煞重逢，須防淫亂，娣妹透出，便是爭夫，魁罡有靈變之機，日貴得安常之福。」

又云：「若觀女命，則異乎男，富貴者一生官旺，純粹者四柱休囚，濁濫者五行衝旺，娼淫者官煞交差，無官多合，比爲不良，滿柱煞多，不爲剋制，印綬多而老無子，傷官旺而幼傷夫，四柱不見夫星，未爲貞潔，五行多遇子曜，難免荒淫，食神一位逢生旺，招子須當拜聖明，官煞不雜遇印扶，嫁夫定知登雲路，守寒房而清潔，金猪木虎相逢，對空帳而孤眠，土猴火蛇見遇，財旺生官，輔食無傷，而夫榮子貴，官食祿旺，一印有助而后寵妃褒，傷官疊見無財印，敗室刑夫。官煞重逢遇三合，荒淫無恥，合多官重，貪淫好色之人，官雜氣衰，嗜慾刑夫之妾，身旺官凶，非師尼而爲娼婢，食神變德，先貪賤而後榮華。」

口訣云：「凡論女命，只用月支中財官印二件爲奇，第一論印，見財損印，如得天月二德，在日干上者，決主此婦得父母家資財，福德廣盛，爲人溫厚，逢凶不凶，招名望之夫，生賢貴之子，受封之命，歲運同論休咎，忌財喜官。第二論官，亦看何支中所藏一位爲奇，一忌官

華夏哲理闡微社版

多，二忌傷重，三忌帶合，四忌煞混，五忌日主柔弱，除此五忌外，略要些小微財，決主此婦生於富貴之家夫富子賢，並無剋剝之患，為人精明伶俐，尊重有福。第三論財，取月支中為要財不宜多只宜一位，若得歲中一位官星此命招父母財氣得現成金寶之福，益夫益子，善於持家，除此三格外，以下一十五格，皆非婦命所宜，蓋十五格，莫非傷官七煞羊刃建祿衝動遙合，多無官星有財傷印，所以不取。婦人用官星為夫，見傷官為傷夫，己生者為子，如甲日生人，屬木，用丙丁巳午，寅戌為子，火得時令，便作多子之命，言之火臨墓絕之地或臨水局壬癸相剋，方斷無子，若火居絕墓之地，四柱有衝，晚年行嗣，終不為孤。」

三命云：「陽干產陽為子，產陰為女，陰干產陰為子，陽為女，如六壬日寅時，壬人以甲木為子，寅乃木之分野，甲木臨官之地，當生榮貴福壽之兒，若木在午未申酉之時，火土分野，木墓死絕之地，主子息寡少，縱有亦多貧疾，不然僧道過房螟蛉之類。又乙木生人，用庚為夫，庚用丁為官星，丁却為乙食神，卽子星也，丁生旺得時，卽夫之名分，是取食旺，相官明朗，不但夫榮，亦且子貴，餘倣此推。」

又云「女人之命見七煞，卽為偏夫，因會正官，偏正交集，所以不喜，若偏官只一位，柱有制伏，無淫亂之說，但主欺夫奪權，會持家性剛，若日主健旺，或背祿，或月時無所倚，或夫星死絕，或孤神六害，多出家師尼之命，不然空房守寡，獨坐哭夫命也。如夫墓絕，幷鬼傷之鄉。主重婚再嫁夫。若命強可配，却一生不和氣，當生離死別。官星顯於生旺之地，煞星隱於衰弱死絕，亦作清正財祿之命，不以混雜論，若煞星多則忌，更帶合神，官衰食旺財黨煞，非娼妓之流，則淫濫之婦。」

又云：「女命多有產厄，乃食神帶梟，而梟神太重，又生年干頭，土帶傷官，時犯羊刃，衝刑剋害，更加流年及運衝合桃梟，決主產厄無疑。若八字安穩無剋伐刑衝之患，日干建祿，煞星受降，更逢天月二德，一生不犯產厄及血光之阻，逢凶有救。」

又云：「凡婦人日主弱，比肩旺，主婢妾奪權，如甲寅、己巳、己卯、辛未，此命日主，己坐卯上，柔弱無力，己巳比肩，同類，生四月火土印旺天時，比肩得地，年上甲爲夫星，月上己巳合去，日主衰弱無用，此婦平生，被妾奪權，不得大夫和氣，餘倣此推。」

又云：「凡看女命須五行清淡，不要生旺，不居暴敗，不犯臨官，得四柱和氣爲佳，休囚死絕，爲上，不帶貴人驛馬，旺祿合神爲良，若犯生旺臨官，兼有貴人驛馬，旺祿合神，皆爲不美，犯亡神劫煞，三刑六害，羊刃飛刃，皆爲不善。」

神白經云：「驛馬遇貴神，終竟落風塵，合絕莫合貴，此法人難會，但以日爲年，此訣聖人傳，帶祿人生旺，產死遭人謗，帶祿入衰鄉，雖禍未爲殃。」

司馬季主云：「凡推女命，貴人一者爲良，若叢雜合多，不尼卽妓。洗芝云：「桃花又帶雙鴛合，冗雜貴人眞妓才，」桃花者臨官上見馬，謂之桃花馬。臨官上見劫煞，謂之桃花煞。又有一般煞，乃己酉丑生人，見午之例，謂之咸池煞，全見謂之遍野桃花煞，女命最忌雙鴛合，如一己見兩甲，一乙見二庚，一辛見二丙，一丁見兩壬，一癸見兩戊之類，或是四柱元有甲己，又有乙庚子丑寅亥，兩兩對合，謂之雙鴛合，一命有之，皆不爲良，若犯桃花煞，更雙鴛煞，尤爲不美。」

理愬歌云「貴人或落空亡裏，祿馬背逸如不値，假令性識甚聰明，男卽伶倫女娼妓，亦有生來貴族中，淫聲浪迹頗相同，須知斯命重所使，桃花三月惹春風。」

源髓歌云：「滾滾桃花逐水飄，月籠華髮色偏嬈，多情只爲空傷合，惆悵佳人魂易消。」按以上皆論桃花煞，犯者皆爲不良，若犯三刑六合亡神刼煞孤辰寡宿，皆主喪夫剋子。

凡女命，怕臨官帝旺全，主夫妻相傷。源髓歌云「臨官帝旺未爲好，再嫁重婚傷亦早，若逢相敵作夫妻，頭男頭女當見天。」此言夫命犯之，當主妻有產厄，婦人之命若如此，敢斷定憂生產厄，更加卯酉二時生，若免墮胎應剋子。所謂朝元羊刃者，喻如卯年生人，見甲日與卯時之類，或辰日而時干見乙，皆謂之朝元羊刃，餘倣此推。

又曰：「凡女命以年爲翁父，胎爲婆母，月爲妯娌，日爲夫己身，時爲子孫，女命是子午卯酉日生，合嫁子午卯酉命夫。四孟四季日亦同，若嫁日干合，或支神三合六合者，俱不偕老，四柱宜納音上剋下，主有殊福，不宜下剋上，主欺詐僭越，若年之納音，剋時之納音，不宜子，若剋戰刑破，主少子多女，若絕中有生，旺中有死，空亡中有破，二行無情乃吉。刑衝無情爲上，只無情次之，日坐年祿榮神者，郡國之封，日帶夫祿，仍有實庫次之，榮神，春甲乙夏丙丁之例，若生中有絕，死中有旺，空亡有合，更犯孤寡元辰者賤。」

凡女命，印若虛，官要實，五行恬靜無情，不相帶惹，爲上等清廉之格，若貴人天月德，月上有官，主賢淑，大忌祿衰身旺，日在冠帶臨官帝旺，爲不吉。一云庫要虛，貴要不落空，印有氣，則奪夫權，庫有氣，則蓄夫財，不戰爭無情理，則無妬忌，奴婢宮有浮沉煞，主打死奴婢。

華夏哲理闡微社版

凡女人生日在官鬼死墓絕上，主尅夫，若官鬼落空亡，或日落空亡，又生日無氣者，主無夫，縱有如無，帶旺氣刑煞者，尅夫下賤。古歌云：「五行失位落空亡，更值身強豈有郎，不是風塵須婢妾，縱逢夫主亦郎當。」天壁云「納音金命火爲夫，重重臨寡又臨孤，戌亥二官夫死絕，徒然出嫁是塲虛。

凡女命生年生日同一位者，尅夫，嫁同音同年者，庶幾。生年生日帶六甲者，名曰帶甲，主尅夫。月共日俱帶者亦然。如甲午年生，再遇甲午日，十有九尅夫，謂之金神帶甲，此例尤繁。若生日帶旺氣，如丙子庚子戊午癸酉辛卯等日，名曰承夫旺，不下賤，多尅夫。若帶十分福、德，則是內人，五六分則貴官左右。三五分，則近貴，上游娼，次則尼妾。甚者尅夫，淫蕩。或曰戊午多貴，癸酉辛卯次之，丙子庚子下賤。又云：戊午癸酉辛卯大醇小疵，若壬癸生人，見丙子癸亥，申子辰人，重重見壬癸，名曰流水煞，主下賤，不貞潔。多水而無土，主淫。多火而無水，主淫。犯八專胎月日時，主淫亂，及虛勞之疾。犯九醜多者，主淫蕩，及產厄惡死。犯沐浴咸池乃酒色神，主淫亂。犯十惡大敗，主淫要破家。犯桃花刼者，主少入娼門，老爲貧丐。寅午戌生人，在冬三月亥時，己酉丑生人，在春三月寅時，申子辰生人在夏三月巳時；亥卯未生人在秋三月申時。古詩云：「桃花與刼兩相侵，不爲盜賊犯姦淫，忽然女子遭逢者，少入娼門老至貧。」按桃花刼乃言刼帶桃花耳。如甲寅或甲午甲戌日生見卯時，卯爲甲之刼財，寅午戌人咸池在卯，卽刼帶桃花，并爲羊刃，大凶。

凡女命合多更帶貴人是上游官妓。不然，貴人左右，若生日無氣，却坐貴人，四柱有天月德，或日祿歸時，主賤中生貴子，或有因而受封者，福在日時故也。其始終下賤，多是咸池自敗，大耗天中淩尅刑衝氣散，自刑帶煞爲人下賤淫蕩，縱有貴格，亦有風聲，魁罡交衝，多狠戾不順，或飄蕩生旺太過，中見刼煞往來相衝，爲性多烈，不睦六親，却淸眞，不淫動招患禍，若咸池與大耗同宮，則淫媚讒毒，天中與暴敗相承則性情多訛，招淫私玷辱，更有刑衝，必主淫私官事發覺。日時上死絕帶煞，主貧困下賤，乃自營於街中風塵庸劣之婦。見無禮刑，或天中印，或合墓中大耗者，多是媒巫術藥之輩，中有建祿貴人者，市塵牙販狼藉婦人也。若生日帶大耗咸池，夫妻外心相撓，見官符多適兇暴俗惡之夫，棄逐淩辱，或卽妨尅於夫，一生因夫煩惱，生時帶刼煞，大耗空亡者，生子少夭，憂煎爲病，或生悖逆之子，見咸池多損孕，日時犯勾絞有繫絆，意多難產，或子掛綆生。歲運見大耗爲凶，夫子不祥之兆，更或尅身，往往死矣。八數者陰之終，所以大凶，若時日犯華蓋正印，主無夫無子，亦有臨終年尅盡。犯刑害空亡衝破，飛刃陽刃刼亡破碎大敗等煞，主尅夫害子，更以五行加減輕重言之，有一生不產兒女，或多損胎，亦有不嫁者，縱兒女多，不和平。犯空亡元辰咸華池華蓋轡鞍乃惡婦人也，妻尅夫少子多病妬忌。（按此雖舊說，仍須以五行爲主，不可盡泥。）

凡女命帶六害自刃日時，主無夫無子，便是十分好命也須有尅犯。羊刃及朝元羊刃，多主產厄，月經過多之疾。中年後，主冷病，犯卯酉多主墮胎，尅子腸痛血刺，四柱偏陽不生男，偏陰不生女，時是陽干，頭胎多生男，是陰干，頭胎多生女，是仲主生仲子，孟季同。帶寅申巳亥多者，主雙生，亥字多者雙生男，巳字多者，雙生女，有三年一胎，二年一胎，一年一胎者，皆以時之納音，取水一火二木三金四土五之數，又仍以月時納音，定夫子之數，犯火氣多者，主一世不生長，五行燥氣同犯，返伏吟時，不利子，中年縱有晚年必退，伏吟日，主尅夫，惟同歲者，方可免，月是伏吟，不宜妯娌姊妹，胎是伏吟，不利骨肉，返吟同此論。

凡女命欲得恬和，中有貴格，更帶祿馬貴人自生自旺六合者，主性巧賢德，姿貌殊麗，不可傷於太盛，恐乏柔順，不可過於死絕，則淫媚而性里奇，得五行恬和，又緊要福氣聚集於日時上乃佳，蓋日爲夫，時爲子，一切福神，加於日時上，須因夫子而貴，女人之福在夫，與子，常重封貴號，早適賢夫，若日時二位，福力不緊，乃常命也，如福聚月明之上，只是生於富貴之家，終不爲夫之福。

凡女命最喜金聲，六合自旺則福厚，而利骨肉，見印綬官祿，或水火既濟，或金水相生，姿質美麗自生自旺，帶官符，或五行支干不相往來，無情內政清白嚴毅，有守不喜淫雜，若祿死絕則儉緊不華，印綬帶煞，則權能任重，六合相生，則骨肉茂盛周全和美，時上見貴人驛馬，多生賢孝之子，孕產無虞，日上見之，得賢美聰明之夫，一生快樂。夫負陰抱陽者爲男，負陽抱陰者爲女，是以男命生，則利旺不利衰，女命生，則利衰不利旺，男旺則福衰則否，女衰則福旺則否。

財官印綬三般物，女命逢之必旺夫，不犯煞多無混雜，身強制伐有稱呼。

女命傷官福不眞，無財無印守孤貧，局中若見傷官透，必作堂前使喚人。

有夫帶合還須正，有合無夫定是偏，官煞犯重成下格，傷官重合不須言。

官帶桃花福壽長，桃花帶煞少禎祥，合多最忌桃花犯，比刼桃花大不良。

女命傷官格內嫌，帶財帶印福方堅，傷官旺處傷夫主，破了傷官損壽元。
飛天祿馬井欄叉，女命逢之最不佳，只好爲偏倂作妓，有財方可享榮華。
眉拖翠柳臉如花，祿馬長生貴氣賒，紫木太陽臨四正，益夫蔭子會持家。
一重亡刼又逢羊，天乙同生祿馬鄉，色絕過人貞且潔，榮夫益子熾而昌。
驛馬多逢無禮刑，臨官帝旺更惱人，柱中再有咸池遇，此等佳人不可尋。
亡刼孤刑寡隔雙，平頭華蓋一般詳，寶香薰被成孤宿，忍對珠簾月半床。
羊刃刼亡休合動，合動高堂雲雨夢，合貴合馬合咸池，定必其人假尊重。
生月那堪合上宮，更兼時合衆凶同，外容尊重非眞實，內亂尤妨不善終。
命値咸池洗日星，爲人性巧更多能，男人得此多相識，女子逢之犯衆僧。
上官切忌帶廉貞，己不淫兮妻必淫，設使夫妻皆正人，官事因妻及女人。
女子咸池日上加，聰明守義不奸邪，却愁夫婿多顚倒，賭博呼遊也破家。
咸池一煞最乘戾，剋我生我皆不利，比和也是賤卑名，好色貪財難致貴。
咸池盡道主淫邪，須看其中有淺深，有制剋他方作福，惺惺不得衆人情。

孛與桃花四正臨，邢堪驛馬更同音；巧言合色難和衆，小智奸邪枉用心。

亥子重逢不可當，公姑妯娌致參商，男子丈母應重拜，方免妻家敗一場。

上官亡劫更刑衝，男女逢之一律凶，寶月候眞非一度，朱紘再續必重逢。

羊刃亡劫落上宮，剋妻生病最爲凶，進神若也同來到，死別生離疾似風：

孤寡雙辰併隔宿，時日逢之刑骨肉，假子招郎何足言，仍忌男女遭恥辱。

女人羊刃不宜多，合剋羅紘帶倒戈，禍起蕭牆流粉黛，容華難避馬嵬坡。

一重羊刃爲權柄，三兩重來凶最甚，荒淫奸妬多爲娼，凶暴惡亡仍短命。

婦人亡劫最非祥，時日逢之性必剛，死絕常多兼剋主，合起相生亦禍殃，妯娌公姑皆寡合，官司內起醜聲揚。

年月日時分戰降，命宮全帶喜風光，男如崔子尋花柳，女似楊妃睡海棠。

女人天乙兩三重，多貴番成吉作凶，紘管叢中爲活計，死絕休囚又不同。

一座貴人爲好命，兩座貴人心不定，三座貴人定作娼，晚年或作豪家正。

色因傾國是登明，期我桑中太乙星，驛馬更兼逢六合，一生不免有淫聲。

紫木羅陽四正排，貴人兼印煞銜開，夫榮子貴人端厚，兩國誥封天上來。
祿馬咸池夾貴來，太陽紫木併二台，聰明性巧人和順，卷耳情懷柳絮才。
牡丹自古號花王，占斷風流豔一方，堪笑好花難結子，中年虛度好時光。
貴人祿馬定分毫，時上逢之產鳳毛，卓犖英雄皆異衆，惟岐推嶷福堅牢。
貴人祿馬在生時，定主多男有白眉，或有乾生來奏足，增光宗祖好男兒。
五行恬澹福星臨，重厚溫恭必至誠，天使嘍囉無半點，却交頑福重千斤。
滿盤印綬得夫星，運向夫行子息生，造化夫星無刼奪，與夫旺子兩宜情。
雜氣格中祿最佳，干頭便混也堪誇，運行財地無傷刼，嫁得才郎享福遐。
壬辰壬戌坐中夫，庚戌庚寅亦巳殊，壬午甲申戊寅日，婦人得此福偏俱。
丙庚子午名分推，巳上偏於卯未宜，乙日更堪巳酉丑，癸臨己未亦當時。
煞星獨印格中清，身主清高富貴成，不有官星來混格，號封恭淑重呼名。
五行婦女要身衰，若遇剛強災病來，歲運再行身旺地，花前風雨恨相摧。
孤鸞日犯本無兒，一見官星得子奇，運遇旺鄉多姊妹，臨風惆悵綠樓時。

夫星得地子多餘，姊妹交加反是虛，財旺更逢見位吉，傷官相見又如初。
一位夫星姊妹多，傷官歲運便難過，縱遇有夫也傷剋，寒衾獨枕奈如何。
格用傷官亦兩猜，若逢食旺益夫財，財星旺處生官旺，無食無財印喜來。
婦八格局要清和，夫氣休囚困苦多，運逢財官重旺相，着羅衣錦笑呵呵。
傷官性重有權輿，比刼重逢禮不疎，印綬日尋清愼獨，丁壬化合曉詩書。
金水相涵秀麗作，比財也作金水誇，丙逢壬制顏如玉，甲逢金剋貌比花
印綬生身遇煞良，傷官財旺坐高堂，如行死絕陽肩墓，獨守空閨哭子喪。
陰陽日旺口平常，身健無依夫是良，運向夫鄉爭兢起，改容再醮補塡房。
桃花紅豔兩交差，頻向粧臺理髮斜，若有官星藏與透，却歸良室福無涯。
桃花與煞怕同途，官見桃花却旺夫，金水相逢雖貌美，煞官貴室亦多汚。
食神獨旺勝諸祥，金水傷官得水康，受氣不宜逢姊妹，煞星一位便爲良。
官星得祿知夫貴，食遇臨官子便賢，福位青龍格煞食，驅奴使婢奪夫權。
食神暗合己夫來，食旺無淆富貴胎，透出財星分等第，梟煞合處起疑猜。

乙庚夏月正金疲，運向西方夫得時，丙子不來金水好，東方遇乙貴分之。
辛官金水月夫輕，再遇辛壬兩度新，運行木火難勝福，不傷自己也傷人。
巳夫秋甲晉傷支，乙見干頭兩度期，除是東方逢木旺，擊傷金木又交持。
庚夫金水月逢丁，壬丙干頭兩見爭，富貴春風衾枕冷，傷官支上怕分情。
甲夫巳午及寅官，遇丙合辛被火鎔，身旺食神家富足，獨眠孤枕怨春風。
丙夫夏癸月藏傷，若遇庚辛酉地祥，木火透干能泄水，夫財雖旺發難長。
癸水生於寅卯月，合戊經行南地宜，只恐干中明見甲，自憐衾枕與誰依。
壬癸如生季月中，夏間土旺亦論同，不宜寅甲連相見，重犯作傷反無功。
甲乙秋生夫正時，煞官若混細分之，舒配去留成格吉，丙丁引旺困又離。
戊巳春生木正青，煞官多處便爲情，支干遇合方成吉，會水重金又一評。
庚辛夏月丙丁藏，不透干頭便是良，只怕煞官交互見，非惟不吉也爭強。
丙丁冬月與秋同，獨遇爲奇亂則空，煞正官淸居富貴，不堪混雜日臨凶。
財旺生官格最稀，財官相遇十分奇，夫榮子貴因財旺，貞潔賢良五福宜。

正氣官星第一格，財官兩旺亦同說，官星帶合兼坐祿，女命逢之眞有福，官星桃花是良人，帶合兼煞便不同，印綬天德惟最妙，日貴財官亦相肯，獨煞有制羊刃同，傷官生財亦不凶，歸祿逢財准此斷，食神生旺尤堪羨，煞化印綬格局純，二德扶身貴無倫，三奇合局眞造化，拱祿拱貴也不怕，煞官混雜兼無制，此等女人不堪娶，傷官太重又見官，貪財破印俱不堪；比肩重犯多爭妬，財官遇刼決不富，財多身弱亦如然，羊刃衝刑尸不全，金神帶刃凶惡斷，桃花帶合淫亂看，無官見合多官合，倒插桃花亂閨閣，身旺無依夫子傷，此等女人大不祥，倒食重犯須減福，更犯寡宿主獨宿，孤鸞紅豔陰陽差，此等神煞俱不佳，若是貴命合官印，小小神煞不爲病。

擇婦須沉靜細說與君聽，夫星要強健，日干當柔順，二德坐正財，富貴自然來，四柱帶休囚，增名又增壽，貴人一位正，兩三作寵婢，金水若相逢，必招美麗容，四貴一位煞，權家富貴說，財官若藏庫衝開無不富，寅申巳亥全，孤淫腹便便，子午並卯酉，定是隨人走，辰戌兼丑未，婦道之大忌，有辰怕見戌，有戌怕見辰，辰戌若相見，多是淫破人，有煞不怕合，無煞却怕合，合神若是多，非妓亦謳歌，羊刃帶傷官，駁雜事多端，滿盤却是印，損子必須定，天干一字連，孤破禍綿綿，地支連一字，兩度成婚事，此是婦命訣，千金莫輕視。

第五編 附編

第一章 雜格

第一節 總說

凡看命，應先看日主是否生旺。如生旺，則方能任財官，故次要看財官。如有財官透露，則應看月令淺深財官是否得地有氣。如日主健旺，財官得地，再看四柱有無破害。如無破害，便是好命，不必更談格局。因古人論命，並無格局，所謂格局者，仍係五行生尅之理，以日為主，財官為用。後人為便於學習起見，姑立各種格局之名，以便記憶。一般江湖術士，不知其所以然，一見有與某格名稱相同者，便斷為貴命，不知一點相合，無濟於事，仍須看四柱五行，財官有用無用，有氣無氣而定。故學者只須熟習本書第二編各章，輔以第三編各章，依法推詳，卽可萬無一失，實無更習其他格局之必要。但今為便於初學起見，仍列於附編之內，以資參考。

惟看命時，於七殺亦須注意。如日主健旺，殺氣甚輕，則殺化爲官，如有比刦重見，賴其制尅。見此格者，如支中藏殺，而干頭見官者。亦不爲官殺混雜，反可用官。如日主衰弱無助，而干透七殺，則格中雖有財星生旺，亦須先看此殺有無制尅合化。無則殺化爲鬼，再行官殺生旺歲運，必死。雖有財官，亦無可取，更不必論格局矣。

第二節　刑合格

喜忌篇云：「六癸日時逢寅位，歲月怕戊己二方。」此爲刑合格之所由來。故此格以六癸日爲主，用戊土爲官星，而不喜顯見。戊祿巳，故喜逢甲寅時，寅刑巳，以刑出巳中戊土，爲癸之正官，丙爲癸之正財。喜財透印助，行財印刑衝會合運。四柱支干均怕見土，見則其福亦減。若月令見正偏官，或眞傷官，亦不入格。

此格與飛天祿馬大同小異，既衝官故亦喜合，以見酉丑一字合巳爲妙，申雖合，而能衝寅，故不取。

寅時支畏合，若見亥，或午戌，則不能刑巳。見巳則塡實，皆爲破剋不貴。

或云：「癸日干遇庚申時，亦能刑合戊祿爲官。六己日亦可用壬申時，衝出寅中甲祿爲官。」

古歌曰：「六癸日生時甲寅，假名刑合亦非眞，月令若加寅亥位，傷官格內例推尋。」按由此歌推之，可見月令如別有可取，即不必論刑合，益見刑合格之不可拘泥矣。

又曰：「陰水寅時格正淸，又愁庚剋不能刑。運行若不逢蛇地，方得淸高有利名。」按刑合格畏見庚字制寅，不能刑巳。又畏巳字塡實，故云。

又曰：「癸日生人值甲寅，此爲刑合格爲眞，若無戊戌庚申運，定作披金帶甲人。」按亦懼戊戌正顯官星，庚申衝剋甲寅時也。

第三節　時馬格

如甲日見巳午時，以巳中戊午中未爲財。無刑衝破刼方妙。此格主招美妻，得外來財物。子孫榮貴，財產豐厚。此非父母之財，故宜儉不宜奢。

第四節　飛天祿馬格

喜忌篇云；「若逢傷官月建，如凶處未必爲凶。內有倒祿飛衝，忌官星亦嫌羈絆。」此爲飛天祿馬格之由來。此格惟有庚子壬子辛亥癸亥四日，以生秋冬之際，金淸水寒，柱無財官，方用此格。且須多見與日支相同之支辰，方能衝起巳午中丙戊丁己爲辛癸庚壬之官星。柱中忌見官星，喜見合巳或合午之字。如辛亥日見酉丑字，癸亥日見酉字，庚子壬子日見寅字之類。懼合子字或亥時。以見則子亥貪合有羈絆，不能去冲也。庚子壬子日格忌午字，辛亥癸亥懼巳字，見則爲塡實。

庚子日不喜水太旺，水多則金沈，爲僧道貧苦之命。如庚子日生子月，雖可冲午，但天干若多見壬癸則不吉。如坐丑月，得酉字合丑，運行西方，雖可如意而不貴。

壬子日又不宜見丁字，若丁字旺，必犯淫亂。

辛亥日怕見巳丙字；癸日怕己戊字，見則破格。

此格如柱中無合貴之支，（如子日見合午之字，亥日見合巳之字。）多漂流無定。有衝，則爲江湖九流之士。

第五節　倒衝格

其來處與飛天祿馬同，亦係傷官月建，而不論時。此格祇有丙午丁巳二日，以生於夏令純陽之月，柱中巳午兩字多，冲出亥子爲丁丙之官星。幷須得一字以合亥字或子字，然柱中若見亥字或子字則破格。若干上透官則減分數。又怕見合午或合巳之字，若見合則貪合忘冲。如丙午日見未字或寅戌字，丁巳日見申字或酉丑字，是也。

三命曰：「丙午丁巳，不論合祿，只嫌羈絆，年月併冲爲上。只日上有，月內無，則不能衝祿取貴。日下無月時有，亦可取用。但丙見午字爲刃，雖貴終凶。一見合刃，便爲凶命。若月令亥子，官殺合格，或透官殺有氣旺相，反取合殺爲大貴格，不可專以日刃論，不可拘泥於塡實。丁巳日或見辛亥時，柱中有己亥不妨格。以丁生四月亥無氣，三月亦取。喜行水鄉，見火則福，只宜巳火，餘火不宜。」

又曰：「此格有六日丙午、丙寅、丙戌、丁巳、丁未、丁卯。陽日爲倒衝，陰日爲正衝。丙日只有午字，却用寅午戌全或三丙字，喜印生助，忌殺混雜。」按古論命之書，皆祇載丙午丁巳兩日，無論及其餘四日者。今人論倒衝格，大都只論兩日，於幾近古。

第六節　井欄叉格

喜忌篇云：「庚日全逢潤下，忌丙丁巳午之方。時遇子申，其福減半。」此卽井闌叉格

所由來。其與潤下格不同者，一天干爲庚，一爲壬癸耳，

此格以庚申庚子庚辰三位全者爲眞井闌叉格。庚日生而僅一庚兩庚，申子辰全者，亦作此格用。蓋以申子辰三合會局去衝寅午戌火局爲庚日之官貴。若見丙丁，則官殺顯露，巳午則井口塡實。遇丙子時，爲時上偏官；甲申時爲歸祿，均不作此格看，故福須減半。

月令見寅午戌，水火相煎，不吉。天干有壬癸字，則引申子辰爲傷官，減寅午戌火力。見戊己字則剋傷水局。福分皆減。歲運亦忌之。但生秋冬金寒水冷時，柱見戊子戊辰不妨。若庚子日生，再見子時，作飛天祿馬格看，不入此格。

此格在申月生，而見丙丁者，或作建祿論。生戌辰月者作印綬論。生巳丑月者，有制作偏印論。生壬子月，或子月而干頭見癸字者，作傷官食神格論，學者須悉心推究。

此格雖貴顯而不富。歲運喜行東方財，北方傷食，大忌火土。金運則平平。

第七節　壬騎龍背格

喜忌篇云：「陽水疊逢辰位，是壬騎龍背之鄉。」此爲壬騎龍背格名稱之所由來。此格以壬辰日見辰時多爲貴。蓋以辰衝起戌中丁火爲壬之財。辛金爲壬之印，戊土爲壬之

偏官也。幷喜局中見一寅字，以合住戌，不畏干透財官，喜行身旺及傷官食神運。忌財官運。

萬育吾云：「壬寅日柱中辰多亦取此格。以壬食甲甲合己土爲官，甲生丁爲財。辰能衝戌，寅以合之爲貴。若辰日年月時皆火局財生旺得地，財多不淸，只爲富命。」按月金山人云：「辰字多者貴，寅字多者富，純見寅辰二字，則富貴雙全。」此說近似，然大富大貴之格，實取三辰一寅。若二辰二寅，卽較次。古歌曰：「壬辰日又見辰時，年月辰多最是奇，四柱若逢寅位上，發財發福兩相宜。」是也。月金之論，乃根據四言獨步而來。

柱中寅多只一辰字者，只用寅中甲木生財，主富。見丑未爲貴，怕見戊己。乙傷官，丁合壬，均不合格，雖辰多亦減分數。忌北方壬癸亥子運。

相心賦云：「壬騎龍背逢丁破，欲比申根。」

景鑑云：「壬騎龍背，喜寅辰二字相怡。忌戊己巳午爲運。寅多者錢滿粟腐。純粹者官高位尊。」按此格不僅歲運忌戊己巳午，卽柱中亦大忌。若戊己重見，主夭。故妖祥賦云：「陽水逢辰。見戊己，災禍難逃。」

第八節　子遙巳格

喜忌篇云：「甲子日再遇子時，畏庚辛申酉丑午。」此爲子遙巳格之濫觴。

三命云：「此格以二子中癸水進合巳中戊土，爲財之財。丙戊祿同在巳，丙是甲之爵星，戊是丙之爵星，戊動丙亦動。戊既合癸，丙卻合起辛金爲甲之官，如人有子繼其後，傳其家以成父道。喜生壬癸亥子月印旺，寅卯月身旺。行官旺鄉，必主登科食祿，清貴濁富，忌見庚辛，丙字明露，申酉巳字破格，如有制化；亦不爲害。柱有丑午絆衝，則減分數，歲運同。若生酉丑月，只作正官格取。虛露庚字，亦主富貴。全看月令如何，或可殺生印助。」

按子平諸格中，子遙巳格亦爲極不合理者之一。蓋諸格多用衝，惟子遙巳，丑遙巳則用合。且合又不用地支合，而用支中藏干，去合他支所藏，其牽強可笑。且地支中藏戊者，有寅辰巳申戌五支，子何以獨擇巳中之戊而合之，而不合其餘支中之戊乎？復云：「戊動丙亦動以合辛金，」尤爲可笑。若如此展轉尋合，則地支中全盤藏宮，皆可合起，豈惟戊丙辛三字而已乎？蓋喜忌篇云：「甲子日再遇子時，」既未稱其富貴，不過謂忌見庚辛申酉丑午耳。蓋子雖爲甲印，而爲甲木敗地，若見金旺，則尅甲過甚，丑爲金庫，午衝子而洩甲木之氣，故並忌之耳。自子平妄立「子遙巳格」之名，遺誤至今，莫敢糾正。無怪子遙巳格之貴命，事實上多不應驗也。

第九節　丑遙巳格

喜忌篇云：「辛癸日多逢丑地，不喜官星，歲時逢子巳二宮，虛名虛利。」此爲丑遙巳格之濫觴。

三命云：「此格只有辛丑癸丑二月。辛以丙爲官，癸以戊爲官，丙戊祿在巳，惟丑能破巳。柱中多逢丑地，則丙戊之祿出，辛癸得官星。忌見子絆未衝巳塡實，不過虛名虛利而已。歲運同論。辛丑日宜生秋月，癸丑日宜生冬月，柱中金水多，方合此局。再見申酉一字，合杜巳字，不致貴氣走出爲妙。無丙丁巳午，辛日之純粹；無戊己巳午，癸日之純粹。再無衝絆，爲人謹厚，富貴雙全。略見損傷，亦主富足。若生辰戌丑未月，當以雜氣取用；逢卯辰申酉亥時，亦不作此格。如辛日生丙寅丙戌丙午月，只以官星論。如生甲寅，以木助火，可用財官。癸日土多，以官殺論。見癸亥時，以拱祿論。生金旺月，以印綬論。生火旺月，以財星論。如行甲寅月傷官不妨，宜行官星得地，及身旺運多貴。此格與辛亥癸亥，飛天祿馬大同。」

按丑遙巳格，不甚可信，與子遙巳同。

第十節　六陰朝陽格

喜忌篇云：「六辛日時逢戊子，嫌午位，運喜西方。」此爲六陰朝陽格所由來。此格只宜子字一位忌多見。更怕丑合午衝。尤忌見丙巳塡實。故繼善篇云：「陰若朝陽，切忌逢丁離位。」

神峯曰：「六陰朝陽格，蓋取六辛日，四柱無官殺方取。辛以丙火爲官，蓋取辛日戊子時，子能動巳，巳能動丙火，作辛日官星，則取辛亥辛丑辛酉三日。若辛巳日，巳中有丙火爲破格，辛卯日則卯破子，不能合巳。辛未日，則未中有丁火爲七殺，破辛金。亦畏午時冲子，不能動巳。只喜財運，畏官殺運破格也。有別格則用別格，理不出於自然也。」

按神峯此說甚是，如月令有財官印食可取，應取財官印食，勿取此格。蓋從化財官印食乃造命之正，此則雜說。於五行之理，並不自然耳。

第十一節　六乙鼠貴格

三命通會云：「喜忌篇云：「陰木獨遇子時，爲六乙鼠貴之地。」乙以子申爲貴神，「獨遇子」者，用鼠不用猴也。乙用庚金爲官星，得丙子時，以子上丙火，遙歸巳中本祿，巳來

華夏哲理闡微社版

合申，申來動子，是謂申子辰三合。「貴」謂申中帶將官來，乙日得官星。用申時則官星顯露，所以不取。若子字多，謂之聚貴，尤妙。年月中有午衝丑絆，則子不能遙祿。申庚爲官露，酉辛爲殺露，被丙傷，反不中矣。歲運同。此格要月通本局，日下支神，皆是木旺之地，水印亦可。忌見金火。若歲運逢申酉凶悔。東方漸退。午運則亡。如一命：壬寅辛亥乙未丙子合格。若乙丑日絆子。乙酉日殺傷，則減分數。一子字怕逢卯刑丑絆，多則不妨，透辛字不旺，再有丙丁合剋，丙合辛化水，運順行，不傷貴。如己丑丙子乙卯丙子兩子夾一卯。丁巳壬子乙丑丙子兩子夾一丑。雖犯上忌，却是交夾貴中生。故皆大貴。若生夏令，只以傷官論。生七八月貧下。如得庚申月，運北地，却以官論。生四季有財庫，喜水局傷官食神，南運亦吉。凡月令見財官印旺，卽以財官取用，不以午衝子爲禍。如合鼠貴，柱有未字合午，略有損壞，富而虛名。

相心賦云：「六乙鼠貴，遇午冲而赤貧如洗。」

按推喜忌篇之意，亦非有立此貴格之意。蓋言「陰木獨遇子時」者，蓋乙木無根，若局中僅有此。日主乙木，他無生扶，獨遇子時，則子雖爲倒食，實爲乙木生氣，如木遇雨露，賴之以生，且帶貴人，故曰六乙鼠貴。且時上丙字。能制官殺，亦爲乙木所喜。申時雖亦爲乙之天乙貴人，然申上之甲爲刼財，申中有庚爲乙之官星，有戊土財以生官，有丙火傷以生財而洩乙木之氣，是乙更受剋剝矣。故此格忌見官者，以身弱故也。若月令印綬旺，則取印綬格，不必取六乙鼠貴格。若乙字重見，亦非此格。

第十二節　拱祿格拱貴格

喜忌篇云：「拱祿拱貴塡實則凶。」按此言此局中拱祿拱貴者，歲運不宜塡實耳，非謂有此兩格也。若四柱雖拱祿拱貴，而財官無取，五行偏枯，則仍下賤貧夭之命，拱祿拱貴何益？

又按拱祿所以忌塡實者，以拱祿之兩支，共一心爲刼財羊刃，若陰日干，則必一爲敗財，一爲庫中餘氣刼財羊刃，若再見祿，是更遇比肩。比刼重重，來分刼我財，安得不凶也。

拱，夾也。卽以兩支虛夾一支，而其支爲日主之祿，或官貴或天乙貴人是。但須日時同干。故拱祿格只（一）癸亥日癸丑時，（二）癸丑日癸亥時，（三）丁巳日丁未時，（四）己未日己巳時，（五）戊辰日戊午時等五種。拱貴亦只（一）甲申日甲戌時，（二）乙未日乙酉時，（三）甲寅日甲子時，（四）戊申日戊午時，（五）辛丑日辛卯時等五式。喜月令通氣，身及貴祿生旺地。財印傷食運亦吉（此須視局中五行造化而定，不可拘泥。）大忌填日空亡。

四言獨步云：「拱祿拱貴，填實則凶，提綱有用，論之不同。」按此亦言此格之不可拘泥也。拱祿拱貴雖不喜填實然提綱若別有用神，或填實之神反爲用神所喜者則仍以吉論，故云「論之不同」也。

第十三節　曲直仁壽格

格解云：「此格乃日干甲乙木地支寅卯辰，或亥卯未全，無半分庚辛之氣，行運喜東方北方。」

三命云：「寅卯辰全者，須帶亥字爲印，方入格。若無亥有卯，止是木之本氣，却以見金土爲貴。若既無亥字，又無金土，則木不秀不實，難以言貴。」

張神峯云：「此格如甲日干地支寅卯辰俱全便得東方仁壽之氣。故曰「仁壽」。」大忌庚辛申酉字，沖破東方秀氣，雖貴亦夭。

碧淵賦云：「亥卯未逢於甲乙，富貴無疑。」

第十四節　稼穡格

格解云：「戊己日干，見辰戌丑未全，無土剋制，有水爲用，方成此格。」但辰戌丑月，四柱純土，無木剋者，多從此格，運喜南方火土之地，及行西方金制木之運，多富貴。見木運剋破必死。

碧淵賦云：「戊己土全四季，榮冠諸曹。」

按上述一說，爲命家正宗皆云：「須柱中無官殺，」獨萬育吾之說則不同，云：「戊己生逢季月，喜見木爲官，止得一木爲妙。木多則土虛，主虛詐，爲破家不仁之人。辰未上火聚之地，即貴亦不宜多，多則土燥，不能滋生萬物。丑戌之土，內懷金氣，不宜重見，恐存殺氣，不生萬物。」附此以備參考。

第十五節　炎上格

格解云：「丙丁二日，見寅午戌全，或巳午未全亦是。忌水鄉金鄉，喜行東南方，運怕沖，要身旺歲運用。」

神峯云：「丙丁生寅卯月，得寅午戌全，則爲火虛有焰，畏水破格，亦畏火氣太炎，則火不虛矣。畏水破火，金破木，此格略驗。

發育吾云：「須有寅字帶印，無寅，正是九流近貴之命。若火自旺，無亥水相濟，不貴。喜東北方運。忌見辰丑戌己，晦火光明，多主眼疾，或患風氣。柱有木制成貴。忌金水鄉，怕冲」按此說謂喜見亥水，亦與上異。

第十六節　潤下格

格解云：「壬癸日，要申子辰全，或亥子丑全，是也。忌辰戌丑未土鄉，喜西方運，不宜東南，怕冲剋，歲運同。

萬育吾云：「忌引歸死絕之地，三刑四衝之鄉。死絕則不流，衝刑則橫流，歲運同。或曰：水太泛，須柱有土神一兩位制之，得成隄岸。既有土，怕會木爲凶。如有木傷土，要金印救解，終是一生成敗」按此論甚近理。

第十七節　從革格

格解云「以庚辛日見巳酉丑全，或申酉戌全者是也。忌南方火運，喜庚辛旺運。見亥卯未者，謂之金木間隔。忌冲刑。

神峯曰：「此格頗雜，原非純粹可觀，與潤下壬癸格理同。此二格吾見多矣，未見有富貴者，但當以別理推之。止有曲直稼穡二格多富貴，火全巳午未格，亦未見其美。」

萬育吾云：「須帶丙丁巳午一二位，方成其器，但不可火多。如辛巳辛丑辛酉三月，不喜五月生，被午所傷。宜八月，或水土養育，食神印綬爲吉。」

第十八節　夾邱拱財格

一云夾邱格，一云無財格。格解云：「此格用日支與時支，共拱其財。如甲寅日，甲子時，虛拱丑中己土爲財庫。又如乙卯日見丁巳時，虛拱辰中戊土爲財庫。又如甲午日見壬申時，虛拱未中己土爲財庫，皆是也。大抵與拱祿相似，不宜塡實柱中，若見官殺或冲絆，則拱不住矣。更要身旺運及財鄉運爲妙。」

又引詩曰：「己卯相逢己巳時，黑鷄得遇水豬奇。金馬木猴相見後，夾邱財庫福相隨。」舊註云：「己卯日，己巳時，夾辰字水庫爲財。癸酉日癸亥時，夾戌中火庫爲財。庚午日。甲申時，拱未中木庫爲財。與拱祿相似，不要塡實虛位。怕冲。」按淵海子平，並無此詩，似出後人杜撰。且癸酉日生人遇戌爲空亡，如何可夾可拱？卽拱矣，拱空亡之財，有何益乎？

第十九節　六壬趨艮格

此格不知來處，大抵以六壬日生遇寅時，四柱見寅多，暗合亥祿者，卽是。故又名暗祿格，亦名合祿格。不宜見刑冲破害。若見申字則剋壞寅字，百不如意。一云：壬中多見寅字，用寅中甲木，暗合己土爲壬官星。寅中丙火，合辛爲壬印綬，怕午合申冲。

口訣云：「六壬趨艮逢亥月必貧。」

相心賦云：「六壬趨艮，足智多仁。」

眞實賦云：「六壬趨艮透財印爲奇；官殺來侵，反爲貧家下賤。」

神峯曰：「六壬趨艮，謂用寅中甲木，能合己土爲壬之官，寅中丙火，能合辛金，爲壬之印，俱是無中生有之說，吾恐謬也。大抵與前拱祿、飛天祿馬等說，相爲表裏，而此說尤非。」

按此論甚是，此格驗者極少，如月令中別有財官印綬可取，不必更泥此格。

第二十節　六甲趨乾格

此格亦不知所本。星命統宗云：「六甲日主，柱中要亥字多，乃爲天門之位，爲北極之垣，甲木之長生，以甲日生人亥字多者，自然富貴矣。亦忌巳字冲之，又忌庚字。此格亦可作合祿。」

又此格有喜見財，不喜見財之兩說。古歌云：「趨乾六甲最爲奇，甲日生人得亥支，歲運若逢財旺處，官災患難來尋之。」眞寶賦則云：「六甲趨乾，透印綬爲佳，財星疊見，位列名卿。」此兩說相反。蓋甲日亥時，透壬過多者，不忌財反喜財以去之。若生於亥月，入正印格，則不喜財破印耳。

張神峯曰：「六甲趨乾，謂亥上乃天之門戶，謂甲日生人臨此，謂之趨乾。假如別日干生臨亥上，何以不爲之趨乾也。天體至圓，本無門戶可入，豈可論人禍福乎？此說是子平之大謬也。」按此論極有見地。

第二十一節　勾陳得位格

星命統宗云：「戊己日生，値亥卯未木局爲官，申子辰水爲財，是也。正是戊辰戊子戊申，及己卯己未己亥日主是也。忌刑冲殺旺，則反生災矣。歲運同。

按此亦附會之說，詳見後。

第二十二節　青龍伏形格

此亦勾陳得位之類，以甲乙木受制於金，卽自坐財官者爲合格，如甲申甲戌。乙巳乙酉乙丑五日是。倶要月令有托，官星得地，不見傷官之神，金木相停可合象。有以乙巳日時名青龍伏藏，主飲酒有失，暗損福壽，不飲則可。

按此直論財官耳。取財官須先論提綱，豈有憑一坐支，卽可斷人禍福之理？穿鑿附會，不足信也。

第二十三節　白虎持勢格

以庚午庚寅庚戌辛巳辛卯辛未此六日生，坐下財官印貴爲入格，與青龍伏形同，亦謬說也。

第二十四節　朱雀乘風格

丙丁日主，坐支有金水爲財官者。以丙子丁亥丙申丙辰丁酉丁丑六日爲主，惟丁未名朱雀折足，不利，蓋亦青龍伏形，白虎持勢之類，乃謬說也。

第二十五節　玄武當權

卽壬寅壬午壬戌癸巳癸丑癸未六日生人爲玄武當權，以坐下財官爲貴，亦勾陳得位，青龍伏形等相同之謬說也。

神峯曰：「勾陳得位，以戊己爲勾陳，「得位」謂其臨財官之地。若戊己身主不弱，則能任財官，謂之勾陳得位，宜矣。若戊己氣弱，臨其財官太旺之地，或爲財多身弱，或爲殺重身輕，若以勾陳得位爲美，豈不謬乎？玄武當權等均相同。」

第二十六節　財官雙美格

繼善篇云：「六壬生臨午位，號曰祿馬同鄉，癸日生向巳宮，乃是財官雙美。」祿卽官，財卽馬，二語文異義同。蓋壬以丁爲財，己爲官，而丁己俱祿在午，午中有丁己爲壬之財官。癸以戊爲官，丙爲財，丙戊俱祿在巳，而巳中有丙戊爲癸之財官，故云。此格喜秋生，金旺水生而木死，不能傷官。若柱中寅卯旺，則秀而不實。冬生玄武當權，貴爲王侯。（按此說未可盡信，冬生，不過身旺能任財官耳，然冬爲財官死絕之地，是雖有財官而不美矣，若非五行有救，何貴之有？）如柱有財官，更得此二日生，尤妙。

甲戌乙丑乙巳丙申丁丑戊辰己亥庚寅辛未壬戌癸未諸日，支內自藏財官，亦是祿馬同鄉，繼善篇獨取壬午癸巳二日者，以壬癸所坐正財正官，餘則或偏或正，不能純故也。

（按此說亦非盡是，繼善篇所以獨取壬午癸巳者，午爲壬之財官歸祿之地；巳爲癸之財官，歸祿之地。餘則或有偏正不齊；或雖正官正財，而非財官均爲歸祿。如己亥日，亥中有壬爲己正財，甲爲己正官，亦坐正財正官，其所以不取者，以亥雖爲壬財歸祿之地，而非甲官歸祿之地故也。餘可類推。）

古歌云：「六壬生居午宮中，先要根源見水通。亥命未宮休帶殺，生平何處不春風。」

按此亦論財官耳，仍須看全局以定吉凶。如結局不佳，則何可以值此兩日而擬爲財官雙美？如生寅卯月中，則官星死絕，當取傷官格。生夏月中，雖取財格，但日主休囚，難勝財官。若無救助，更行財官旺地，乃貧夭之命。秋生取印綬，冬生財官死絕，又須看局中有無救解，及歲運如何而定矣。子平多就日主坐支立名，皆不可憑。

第二十七節　金神格

金神者，破敗之神，卽的殺，止有三時，乃癸酉己巳乙丑，以六甲見此三時爲入格。月令通金氣成火局，方可取用。柱中更帶七殺傷刃，眞貴人也。若月令不通金氣火局，卽當以他格論。或財官印綬，或變化從類，雖見水亦可。若無化而行水鄉，禍不可言。（按此說亦不可盡信，如金令火局，主弱印衰，則雖無化亦喜水扶身。蓋以時上一殺而立一名，已屬可笑；若更因一殺而不顧五行造化之理，則又大謬矣。）

得此格者有明敏剛斷之才，堅強不屈之志。四柱火局，運行火鄉，作此格論。生亥卯未月，行火鄉，亦以此格論。若生水月，行水鄉，不用。（按此應用印綬格。）生辰月，行北方運，可作印綬。（按此須生於清明九日以後，十一日以內，方可用印綬。若在十一日以後是偏財；九日以前是劫財羊刃，無可取者。）喜官殺陽刃，怕刑衝。若逢癸酉時，酉爲甲之正官，不可以金神火制之說斷之，當作正官論。（按此說甚是。）財官得地之運發福。年月重見申庚，官殺混雜，仍以金神論。歲運見火必福，見水必禍。柱中有火，不行火鄉，亦難發。喜見財，行財運亦發。六己日見此三時，亦作金神論。運行金水鄉，其禍立至。財運乃美，火鄉更妙。

四言獨步云：「甲日金神，偏宜火地。己日金神，何勞火制？」按甲日金神爲殺，故喜火制。己日金神乃傷官，故不須火制也。

又云：「六甲生春，時犯金神，水鄉不發，火重名眞。」

又云：「甲己丑月，時帶金神，月干見殺，雙目不明。」

玄機賦云:「金神最宜制伏。」
祕訣云「金神喜火旺之鄉。若行北方則凶。」
定眞篇云:「金神運到水鄉,身屍分折。」
妖祥賦云「金神喜七殺而忌刑衝。」

第二十八節 日貴格

卽日主自坐天乙是也。此格祗有丁酉丁亥癸巳癸卯四日。主爲人純粹,有仁德,有姿色。又日貴須分晝夜,日生要癸卯丁亥;夜生要癸巳丁酉。(按値此日者,仍須推詳全局,方可定其吉凶。)

第二十九節 日德格

此格只有甲寅丙辰戊辰庚辰壬戌五日。蓋取甲丙戊庚壬五陽干,坐祿或財官印耳。
萬育吾云:「查吉神一百二十五位,無日德或者別有取義,余則未曉。日德要多,二三位併臨同者方用。若只一位,還以月令財官印食取之。」
神峯曰:「日德格有五:甲寅戊辰丙辰庚辰壬戌日也。何以見其爲德也?不考原委,不詢來歷，誤以日德名之，此非子平中之謬說乎？」

按子平謬說甚多，大概皆由好奇立異，而又不學無術之徒，妄立格名，以爲炫異之用耳，治此術而有學問者不多，故其謬說能流傳至今也。

古歌曰：「日德不喜見魁罡，化成殺曜最難當，局中重見還須疾，運限逢之必定亡。」按魁罡者戌辰兩支也。日德五日，辰戌居四，一云有福，一云不喜魁罡，自相矛盾如此，其爲謬說明矣。

第三十節　魁罡格

子平曰：「身值天罡地魁，則徹骨貧寒，強則絕倫貴顯。」按天罡在辰，地魁（一稱河魁）者戌，乃陰陽絕滅之地，故名。此格有四日，乃庚辰壬辰戊戌庚戌也。須疊位重逢，日位加臨者衆，以伏爲貴。

古歌云：「壬辰庚戌與庚辰，戊戌魁罡四座神。日上加臨重柱內，運行身旺作文臣。聰明果決慈祥少，刑殺財官大可嗔。一位魁罡居日上，沖多定是小人身。」舊註云：「宜四柱中疊疊逢之，如甲寅年戊辰月庚辰日庚辰時。掌大權之命也。若四柱只有一位，疊疊沖之，則多値刑害困家而已。運行日主旺，發福百端。行財官之運，其禍立至。」

神峯曰：「魁罡格取壬辰庚戌庚辰戊戌臨四墓之地，取其爲魁罡，能掌大權。何以臨此四墓就能掌握威權，此亦子平書之大謬也！」

萬育吾曰：「按此格支用辰戌，獨天干少異，內庚辰二日，既曰日德，又曰魁罡。論其格局，迥然不同。不必拘論張時僉事庚午丁亥戊戌丙辰，劉大受少卿，丁亥癸丑庚戌戊寅二命皆魁罡日，只取財官印是也。」

第三十一節　福德格（亦名福德秀氣一名五陰）

星命統宗云「陰土有三：己巳己丑己酉是也。四柱中不見丙丁寅午戌者爲貴。歲運皆同。若得巳酉丑三合金局全者尤貴。若運行見寅午戌，則降官失財，災非不免。忌刑冲破害，」

詩曰：「陰土逢蛇鷄與牛，名爲福祿統貔貅。秀氣火來侵剋破，須教名利一時休。」

三命曰：「己用甲木爲官，巳酉丑金局傷官，亦名盜氣、何以爲吉？殊不知金能生水財，喜行財運，便發。柱中不喜見火傷金。又不喜生四月，火旺秀氣淺薄，多成多敗，晚主孤剋。」

星命統宗又云：「陰火止有丁巳丁酉丁丑三日，四柱見財官旺位爲貴，不要見沖。如運行卯位，別無與酉合支干者，當減財降官矣。如辰與酉合，申與巳合是也。」

詩曰：「陰火相臨巳酉丑，生居酉月壽難長，更兼名利多成敗，破耗荒淫祿不昌。」

三命云：「丁巳丁酉丁丑三日，是丁用壬爲官，喜金、旺生水。亦不喜生八月，以八月火死，功名蹭蹬。又不喜生十一月，以十一月癸水爲殺。柱中喜見財官旺位爲貴，運行官旺，便又發福。」

星命統宗又云：「陰水有三合：癸巳癸酉癸丑是也。卽與飛天祿馬同。其月生在巳，名爲月臨風。丑遙巳中戊土爲官星，如有巳字塡實，其貴則成敗多矣。譬如盛物之器，空則寄物，實則不能也。」

詩曰：「癸巳癸酉月臨風，名物遲延作事空。名利生成難有望，始知成敗苦匆匆。」

三命云：「癸巳癸酉癸丑三日，是用金神爲印，見巳酉丑金局，能生癸水，喜秋冬，亦不喜生四月，以水絕於巳。雖然金生於巳，以金生水，亦不能絕，得官印運，便能發福，只嫌火財傷金。」

星命統宗又曰：「陰金辛巳辛酉辛丑是也，四柱有丁火旺位，及寅午戌者，平生衣祿貧薄。若巳酉丑三合者妙。若遇丙丁，則爲官星，歲運亦然。値寅者却爲吉，乃天乙貴人也。」

詩曰：「辛巳鷄牛三位連，作金合局祿貴連。若遇丁火寅午戌，平生衣食也熬煎。」

三命云：「辛巳辛酉辛丑三日，柱全金局爲妙。若見午戌火旺有破，反生災咎。若遇丙火旺是正氣官星，或値寅位爲天乙貴人，俱吉，歲運同。」

星命統宗又云：「陰木有三日，乙巳乙酉乙丑是也。不宜六月生，在他月皆以此格斷之。蓋六月建未，乃是木庫，乙干屬木，下帶金旺之地，則金尅木故也。以下魁上不吉。」

詩曰：「陰木加臨丑酉蛇，生居六月嘆咨嗟。爲官得祿難長久，縱有文章不足誇。」

三命曰：「如乙巳乙酉乙丑三日，是乙用金爲殺，喜印綬，喜制伏，不宜生六月逢未，以墓上帶旺，金能尅木，不宜生八月，再露其殺。運行印綬官旺鄉，便能發福。」

子平云：「生八月，短壽。」

第三十二節　專財格

纂要云：「如甲日見己巳時，乃專財格，最喜見財官旺鄉，發福。不宜見比劫分奪。故歌曰：「時秀氣，最難尋，甲日寅時樂福臨，推怕比肩分奪去，資財成敗是非侵。」按丙丁日遇申酉時，戊己日遇亥子時，庚辛日遇寅卯時，壬癸日遇巳午時，皆此格也。實卽時馬格，立名異耳。

第三十三節　歲德扶殺格

按卽年上一點七殺耳。身強殺淺喜財生殺；重身輕喜食制。此仍可以常理推，子平另立一格，毫無意義。

古歌曰：「歲德壬來來見戊年，財旺身強福自然，更得運來財旺地，文章聰慧更忠賢。」

按此指年上孤立一殺，又無財助者而言。淺殺無根不應制，故經云：「原犯鬼輕，制却為非。」

纂要歌曰：「年上偏官為歲殺，食神印綬福興隆，不會官星財旺地，雁塔題名有路通。」

按此殺旺宜制者，故喜食神以制之，印綬以化之。見官則官殺混雜；見財則財旺生殺，故忌。

第三十四節　歲德扶財格

淵海註曰：「如甲人見戊己年是也。若財命有氣，則主其人得祖上物業。身弱者不近。故曰：「年上財官，生於富貴之家。」須要身旺，可以當之。」按亦可就常理推，無別立一格之理。

第三十五節　四位純全格

卽柱中全見寅申巳亥，或子午卯酉，或辰戌丑未也。寅申巳亥爲四馬，男命得之，爲驛馬乘風，主大富貴，故洪範云：「寅申巳亥疊見，有聰明生發之心。」女命則爲意馬心猿，孤而且淫，故淵源云「寅申巳亥全，孤而腹便便。」子午卯酉爲四柱桃花，不論男女，皆主酒色荒淫。男命如干頭五行造化有貴，倘有吉者，女則終凶。故男命有「子午卯酉重逢，懷酒色荒淫之志」。女命有「子午逢卯酉，到處隨人走」之語。辰戌丑未爲四庫，古云「辰戌丑未全順行，帝王無疑。」其不順行者，亦主富貴，故洪範云「辰戌丑未全備，乃財庫富貴之尊」也。女命則主不美，故云：「辰戌丑未，婦道之大忌」也。

按此格仍須視天干財官衰旺，五行造化，斟酌定之，不可拘泥。三命云：「此格雖富貴，不免刑害六親，進退連茹，以各相衝而無合故也。四柱各親其親，定主骨肉分離。更帶孤寡刑害，尅陷必重。」粗紀云：「子午卯酉，入格爲四柱全備，失局爲偏野桃花。」太乙云：「凡物太盛則折，如漂風暴雨之至，易盛易衰，要以胎代之，則爲可久可大之命。不然干見衝犯，

華夏哲理闡微社版

而早達致死者多矣。」皆灼然可見也。

第三十六節　一氣生成格

一氣生成者，天干地支四柱皆同者也。天干同者曰「天元一氣，」地支同者曰：「地物相同。」四言獨步云：「天元一氣，地物相同，人命得此位列三公。」然亦不可一概而論，蓋此格亦有主貧薄者也，

此格有四壬寅，四辛卯，四庚辰，四己巳，四戊午，四丁未，四丙申，四乙酉，四甲戌，四癸亥是也。其貴賤壽夭，各家亦所見不同。茲分別彙列如下：

一曰「壬寅辛卯甲戌富貴雙全，己巳亦貴，戊午丁未兩旺性強，雖貴亦多凶險，尅妻不善終。庚辰貴而風流，名重利輕。乙酉多傷殘，癸亥多貧薄。丙申生北方亦可取貴。歲運如化刑衝破奪，必生災禍。大要推其支內有無財官印食，入格有無傷損，天干有無得令，上下干支財官印食可化不可化，可從不可從，定其輕重貴賤。」

四言獨步舊註云：「惟有四個辛卯，則貧夭之命，其餘皆貴。又有四個甲戌，亦主破家，主人伶俐聰明。若行火鄉稍可，然終不成大器。」按此說與上說相反。

古歌云：「四重陽水四重寅，離坎交爭旺氣生。（按寅屬東方震位，非離位也。）運至火鄉成富貴，往來須忌對提衝。」按此咏壬寅主富貴，與上兩說合。

又云：「人命如逢四卯全，干頭辛字又相連，身輕福淺猶閑事，只恐將來壽不堅。」按此咏辛卯貧夭，與獨步舊注同。

又云：「金龍變化春三月，四柱金逢掌大權。不入朝堂爲宰相，也須名利鎮雄藩。」按此咏四庚辰富貴，與上兩說同而稍異。查辰中有乙木爲庚之財，戊爲庚之偏印，癸爲庚之財。若傷官旺，則能生財；財旺亦能生官，故主富貴。或云「名重利輕」，不知此本傷官生財格，（辰爲水庫）其說似未可信。

又曰：「己巳全逢命理排，一生天祿暗催來。人中必顯名尊貴，秀奪江山出類才。」

又曰：「陽土重重午字多，天干一字得中和，利名虛實平生好，見子衝提壽若何？」按此咏戊午以前一說貴而帶凶者是。

又曰：「四重丁未命中排，暗合陰生祿位胎，有分東西成富貴，無情行到水邊來。」

又曰：「丙申四位命中全，身殺相停顯福元，不比尋常名利客，管教勢大鎮魁權。」按此亦與前說稍異。

又曰：「陰木生居八月天。重重乙酉喜相連，不分左右皆榮貴，更有收成在晚天。」按此咏乙酉，與前說相反。査酉中惟辛金爲乙木之殺，早年不利，惟中年印運，暮年行制殺運可發，然非大貴之命也。

又曰：「天干四甲皆逢戌，分奪財官無所益，如還行運到南方，合起傷官些小吉。」按戌中有辛金爲甲官星，丁火爲甲傷官，戊土爲甲偏財。言其破家者，傷官與官四柱同宮，戌爲火庫，丁火有力也。然此惟生寒露節後九日至十二日中爲然耳。若在九日以前，則爲官星當令，十二日以後，則偏財司令，皆應作吉解。况丁旺時，有財同宮，亦當作傷官生財論。且末既云喜行火鄉，則丁旺亦不爲凶矣。斷云破家，惟火運稍吉，不知所據，當以最前一說爲是。

又曰：「天干四癸立乾宮，木水相生作倒冲。名利盈盈須有望，南方行運數還凶。」按此咏癸亥，亥中壬爲劫財，甲爲傷官。亥月乃劫財旺月，雖爲甲木長生之地，傷官旺能生財，然四柱傷官生之，四柱劫財劫之，見財反爲災禍，故以南方行運爲凶。前說謂其貧薄者，信然。一云：「四癸亥亥多冲出巳中丙戊，爲飛天祿馬。但無酉丑一字，將巳合住，主中貴。」

按或以四柱干支俱同者爲天元一氣格，而以干支方位相同而字異者曰一氣生成格。其僅天干相同者，則曰天干一字格。區分雖亦當理，但「天元一氣」爲語肇於四言獨步；讀其下文，可指其所指實爲天干相同，故今仍其說。

第三十七節　天元一氣格

天元一氣格者，卽四柱天干皆同者也。或云：干雖不同，而屬於五行相同者，亦作一氣看。或云干不同而五行相同，則陰陽之氣仍異，如甲見乙，乙見甲，不得謂之天干一氣。

古歌云：「天元一氣定尊榮，不雜天干一字淸，非可比肩爭競論，生來富貴至公卿。」

按此亦不可一概而論，尙須視地支造化如何，入格與否而定。

又云：「天元一字若逢金，時日魁罡福氣深，羊刃逢衝幷帶貴，平生得遇貴人欽。」

又云：「天元一字木爲根，傳送登明顯福元，四柱官星如得地，功名利祿好爭先。」

又曰：「天元一字水爲源，生在秋冬妙莫言，大吉七神逢一位，少年仕路必高遷。」

又曰：「天元一字火融融，大吉功曹時日中，衝起財官爲發用，平生富貴福興隆。」

又曰：「天元一字土爲基，四季生時更是奇。中西干支加入局，聰明優秀異常兒，」

第三十八節　天干順食格

天干順食格者，四柱天干，依次相生爲食神也。如甲年，丙月戊日，庚時。甲生丙爲食神，丙生戊爲食神，戊生庚爲食神是也。若地支配合得宜，大貴。

第三十九節　兩干不雜格

天干五行相同，而各占兩干，不相雜亂者。如甲乙甲乙，或丙丁丙丁之類。

第四十節　地支夾拱格

即地支以兩支夾一支者也。如子寅兩支夾丑，丑卯夾寅之類。拱吉則吉，拱凶則凶。拱吉者，填實亦凶。

第四十一節　棣蕚聯芳格

年月干同日時干，而五行相同者。如甲年乙月甲日乙時之類。如地支同遇寅卯之位者，尤佳。

按此須視月令地支定其吉凶。

第四十二節　龍鳳三台格（一名三合聚集格）

指南舊注曰「或干辰帶三位，支神帶三位，納音帶三位，皆云「三合聚集。」如乙丑乙酉丁巳乙巳三個乙，謂之干三合。又如丙寅庚寅戊寅戊午三個寅，謂之支三合。又如辛卯木庚寅木丙戌土己亥木三個納音木，謂之納音三合。蓋以一生二，二生三，三生萬物盈數之義也。」

三命通會云「年月日時胎，或干辰帶三位一同，或支辰帶三位一同，或納音帶三位一同。如三丁一癸，三壬一戊，三庚一丙之類。切忌建旺，太過中又太過。惟土金不然。如三金得土，三土得火，或三戊三庚三辛建旺，不礙其支辰。如三寅一申為馬，三亥一寅為合之例。納音三位得地方吉。

第二章　神趣八法

第一節　總說

神味八法者：（一）返象，（二）照象，（三）鬼象，（四）伏象，（五）屬象，（六）

類象，（七）從象，（八）化象也。此八法爲看命定格之太關鏈，故初學者必須加以研究。茲分節說明於後。

第二節　返象

返象者，乃所謂值身主用神引至時上一位爲絕之鄉，謂之用而不用，皆爲返象。又遇返之太甚者，不吉。

又曰：夫返者，乃絕處逢生之意也。如乙庚化金，生於寅月，乃金絕地。柱中木重，而却化金，此則化氣失局，故曰返象。玉井又以化中返本倒化之類謂之返。如乙庚化金，見亥地多，木重非化金而却化木，其義一也。歲運同斷。或以生弱而遇官殺，有官則進，有殺則退，亦爲返象。經云：「化成造化，各居於衰墓絕鄉，象成雜局，遇合而猶如不遇。其象中性情，平生居止，頻遷反復，無成立，心不定。謂身弱而遇官殺，其義亦同。假如辛未壬辰丙午癸巳，丙用癸爲官，不合有壬來尅。丙辛化水，柱中辰巳午未，乃水墓衰絕之地，眞返象也。又癸丑丙辰丙申辛卯，丙與辛合，丙火坐申無氣，辛金坐卯衰行。辛金旺運夫從妻；丙火旺運夫從妻。此命無祖業，一生進退無成。餘類推。

第三篇　照象

照象者，如丙日巳午未年月日，遇時上一位卯木，謂之木火相照，甚吉。如壬癸日申子辰全，遇時上一位金，謂之金水相照，大吉。年干有照者，亦吉。

又云：「照者，火土高明之意也。火氣高明，土愛稼穡。土在上，如霾霧遮空，火在下若太陽漏射，此乃先晦後明之象。日干屬戊，得寅午戌火局，或地支午火時，干有丙生在戊上，謂之照象。柱中不宜見水；見水土鎔火滅則滅福力。又如火居上水居下，亦為照象。譬如日麗於天，水底有日，亦能返照。經云：「四柱無傷，直列朝廷之上。支中畏懼，亦須聲譽非貧。運到衰鄉，必生災咎。」一如戊戌戊午丙午戊戌，丙日以之戊為食，火又旺生，四柱無傷，午戌亦能銜子辰之官星。又丙戌癸巳戊午丁巳，日干戊土，支能巳午戌火局，年時丙丁生其戊土，柱中雖有一癸，亦化成火，又化氣得時得位，故皆大貴。

第四節　鬼象

鬼象者乃秋金生甲乙日。地支四柱純金，謂之鬼象。只要鬼生旺運，皆吉。怕見死絕之鄉，而支身旺則不吉。（按此卽棄命從殺之論也。）

又曰：「夫鬼者殺也，乃干逢殺尅之意也。須明上下干支，或鬼旺身衰。如乙木以庚金爲官，天子化合，又見辛酉七殺，則爲鬼旺。經云：「己身臨鬼，須明天地之中，象旺象衰，要識榮枯貴賤。身衰貴旺，應須肢體傷殘，身旺鬼衰，定作凶徒之命。鬼身皆衰，男子飄蓬，女作尼姑。」玉井云：「身鬼俱強，兵法刑名而或濟；鬼身盡弱，敗破狂蕩以何疑？木氣勝者專用微金，水氣多者宜憑病土，金氣旺者須病衰火，火氣強者要假淺水，土氣原者却尋死木。」假如本身乘旺，而逢鬼象，返爲貴命，旺中有制，方爲全福。身鬼全彰，得刃爲制，勇暴而貴顯，或乘酒以得官位。如癸卯辛酉乙亥辛巳，乙木八月無氣，二辛殺旺，故主殘疾。又戊辰己亥甲申庚午，日坐殺星，可值庚時，本身受尅，又亥中水旺，木死於午，此飄流命。

第五節　伏象

伏象者乃寅午戌三合象，又值五月生，逢壬日而天干無氣，丁字透露，壬水又無根，乃取月支午中有丁火合壬水而伏之，所謂伏象。運至水火之鄉皆吉，只愁水旺之鄉不利也。

又曰：伏者隱而不顯之意。柱中財官印殺，不通月氣，不曾透露，隱於地支人元之中，無形而離明之謂。玉井云：「本身不通月氣，而伏藏我氣於別支之內，有援而起者也。」又日干不遇生旺，死絕氣多，却遇官殺太甚，尅伏其身，亦爲伏也。經云：「官鬼皆全，乃遐齡而不遂。干中破敗於支內，技藝隨身。」如戊午甲寅戊寅辛酉戊日被甲寅尅之太甚，本身無氣，故爲手藝之人。

第六節　屬象

屬象者，乃天干甲乙木地支亥卯未全者是也。水火金土同。

又曰：屬者，五行各屬之意。卽主干臨何方位，乃東西南北之神也。如寅卯辰，乃東方屬木；巳午未南方屬火申酉戌西方屬金，亥子丑北方屬水，各專一方之氣。如壬子壬子癸丑癸丑，二壬奪癸祿乃僧道之命。乙酉甲申乙酉乙酉，乃都御史之命。

第七節　類象

類象者，乃天地一類也。如春生人，甲乙天干，地支寅卯辰全無間斷破壞，謂之奪東方一片秀氣，最怕引至時爲死絕之鄉，謂之破了秀氣。運至死絕，卽不吉。或時上年上引之生旺，謂之秀氣加臨，十分大美。

又曰：類者會成一家之意也。如甲乙得亥卯未會成木局。乃五行從其重者爲類。或曰：

「如比肩之類，五行皆歸純一。天干一類，本非其象。或類化氣而不成局，或類印綬而不成印，多靠別人之力入贅過房命也。如丙寅戊戌庚戌戊寅二戊生庚類印綬二寅剋戊爲七殺寅戌火局年干透丙似印非印是也。

第八節　從象

從象者：如甲乙日主無根，地支全金，謂之從金。四柱金土，謂之從土。有秀氣者吉，無秀氣者凶。或天干有甲己字者不吉，其從火者。火旺運吉，死絕地凶。

又曰：從者，夫妻相從之意也。論引用之氣，夫乘旺則婦從，婦乘旺則夫從。官殺者，夫也，財者，妻也。借夫妻之名以取人之禍福。如乙日生巳酉丑申之位，是婦從夫。庚日生亥卯未寅之位，是夫從婦。若遇其從，即從地支專氣言之。若歸其本，即從其本言之。至井云：「從其有氣，或黨多亦從。」又云：「自身無氣，從局變象干支三合，所屬同也。」經云：「從中有貴有賤。從中顯貴得時，位列三公。從中取與失時，孤貧奔走。如甲戌丁卯庚申己卯。庚申金生卯月卯時，木極旺，是妻卯旺而夫從之。主因妻得財，或就妻得財。又曰無根爲從象，如乙酉壬午甲申己巳，甲木無倚，乃能從土。如庚辰乙酉乙酉庚辰，乙木無依，從金而化。庚辰庚戌納音皆屬金，貴命也。

第九節　化象

化象者，乃甲乙日生人，在辰戌丑未月，天干有一己字合甲字，謂之甲己化土。喜行火運。如逢甲乙木生旺，逢化不成，反爲不吉。己字中露出二甲字，爲之爭合，有一個乙字露出，謂之妒合，均破格不成。

又曰：「化者，陰陽合化之意也。乃天地相停，五行均配。經云：「化內從局，運轉而成封帝側。」又曰：「化象伏而平生碌碌。」謂干支相停者化，是看日時合化不合化。玉井云：「五氣有化象，須要純一淸潔。化而或返，有貴有賤，化而不化，或壽或夭。」通玄論云：「乙旺庚從，庚旺乙從。日主無氣化有氣，方可用。若各無氣，不可用，如丁壬化木，生於春，則夫從妻；生生於冬，則夫從妻生，是謂化也。如甲戌甲寅癸巳戊午，戊癸化火，生於寅月，臨官於巳，旺於午，此化氣得時得位。

第十節　總釋

荊山居士解云「若甲乙日干見地支寅卯辰全者爲類，見亥卯未全者爲屬。乙日見巳酉丑或申酉戌之類為從，甲日見己，乙日見庚之類為化。類屬要身旺，而從化要衰也。丙丁日四柱皆火，而時支得卯木，謂之木火相照。壬癸日四柱皆水，而時支得一金，為金水相照。壬生午月水無根，乃棄命與午中丁火合，此伏象也。

第三章　行運吉凶古歌集覽

第一節　運晦歌

比肩事物莫爭論，鬬訟官司為別人，兄弟親友財帛事，閉門莫與論和平。
刼財羊刃兩顯居，外而光華內本虛，官殺兩地居不出，因此當原慢嗟吁。

第二節　運通歌

三合才官得運時，綺羅香裏會佳期，洋洋已達青雲志，財祿婚姻喜氣宜。
運遂時來事事宜，布衣有分上天梯，貴人輕着些兒力，指日青雲實可期。
自是生來不受貧，官居華屋四時春，夏涼冬暖清高處，飾饌杯盤勝別人。
此運祥光事轉新，一團和氣藹陽春，青雲有信天書近，定是超羣拔萃人。

華夏哲理闡微社版

甲子丁卯非爲刃，乙酉庚申理一同，合起八元財馬旺，中年顯達富家翁。

第二節　刑尅歌

比肩羊刃日時逢，若問年齡父道凶，父母干支相會合，旺星健旺壽如松。

尅父那堪妻又傷，堪居道院共僧房，閑身作保防連累，財破妻災有幾場。

第四節　刑妻歌

天干透出兄弟多，財絕官棄旺大過，月令又逢身旺地，青春年少哭嫦娥。

當年四柱有財星，羊刃時逢定尅刑，歲運更行妻墓絕，妻宮必見損年齡。

第五節　尅子歌

五行四柱有傷官，子息初年必不安，官鬼運臨身旺地，可存一二老來看。

嗣中生旺見刑冲，月令休囚子息宮，官鬼敗亡重見尅，如無庶出必螟蛉。

印綬重疊尅子斷，子息難存誰爲伴，若還留得在身中，帶破執拘難使喚。

時逢七殺本無兒，此理入門仔細推，干上食神支又合，兒孫定是貴而奇。

女人印綬月時逢，官食遭傷子息空，當主過房兼別立，孤辰重犯兩無功。

局中官煞兩難親，羊刃重重或助之，八字純陽偏印重，妨夫疊疊更妨兒。

第六節　帶疾歌

戊己生時氣不全，月時兩處見傷官，必當頭面有虧損，膿血之瘡苦少年。
日主如臨戊己生，支神火局氣薰蒸，冲刑尅破當殘疾，髮禿那堪眼不明。
丙丁日主五行衰，十殺加臨三合來，升合日求衣食缺，耳聾殘疾面塵埃。
壬癸重重疊疊排，時辰設若見天財，縱然其人無班癩，定是其人眼目災。
丙丁火旺疾難防，四柱休囚辰巳方，木火相生來此地，啞中風疾暗中亡。

第七節　壽元歌

壽算幽微識者希，識得須是泄天機，六親內有憎嫌者，歲運逢之聰不宜。
壽星明朗壽元長，繼母逢之不可當，寵妾不來相救助，命如衰草值秋霜。
丙臨申位逢陽水，定見天年夭可知，透由干頭壬癸水，其人必定死無疑。

第八節　飄蕩歌

偏財得位發他鄉，慷慨風流性氣強，別立家園三兩處，因名因利自家亡。

偏財得所最爲良，透出羊刃甚可傷，破蕩家園渾閑事，敗門辱祖逞兇強。
偏財別立在他鄉，寵妾防妻更剋傷，愛欲有情妻妾衆，更宜春酒野花香。

第四章　命運改造論

第一節　命運有準有不準

余研究命理之始，尙在童年，雖至今尙爲遊戲性質，而所看之命，亦當以數千計矣。然所斷命運，女子大抵十有九準，男命則中者十不過七八。其間有過去甚準，而未來不準者；有他事皆準，而刑剋不準者，有命運優劣皆準，而子息不準者。甚至全然不準者有之。余之批命，既屬遊戲性質，故常當面與之研究。則命運應斷凶而不凶者，有刑剋而無刑剋者，大抵其人皆屬勇於爲善之人。亦有命運應斷吉而竟平平者，則多爲習於爲惡，或放逸自恣之人。始知命運雖有前定，實可由自己加以改造。若命運不佳，不妨修德以禳之；命運已佳，亦可勵善以增益之。若自恃命運甚佳，而放縱恣肆，無所不爲，則未有不反吉爲禍者。茲就古人之主張命運改造論者，介紹一二，以誌其梗概。

第二節　袁了凡之立命說

袁了凡為明代名人，其所編袁王綱鑑一書，為修史者所必讀。命運本不貴知，後以修德勵行，遂大貴顯。事詳袁先生自致其子之家書中，後人名之曰立命之學，今轉錄如下：

余童年喪父，老母命棄舉業學醫，謂可以養生，可以濟人，且習一藝以成名，爾父夙心也。後余在慈雲寺遇一老者，修髯偉貌，飄飄若仙，余敬禮之。語余曰：「子仕路中人也，明年即進學，何不讀書？」余告以故，並叩老者姓氏里居。曰：「吾姓孔，雲南人也，得邵子皇極數正傳，數該傳汝。」余引之歸，告母。母曰：「善待之。」試其數，纖悉皆驗。余遂起讀書之念，謀之表兄沈稱，言郁海谷先生在沈友夫家開館，我送汝寄學甚便。余遂禮郁為師。孔為余起數，縣考童生當十四名，府考七十一名，提學考第九名。明年赴考，三處名數皆合。復為卜終身休咎，言某年考第幾名，某年當補廩，某年當貢，貢後某年當選四川一大尹，在任三年半，即宜告歸。五十三歲八月十四日丑時，當終於正寢，惜無子。余備錄而謹記之。自此以後，凡遇考校，其名數先後，皆不出孔公所懸定者。獨算余食廩米九十一石五斗當出貢，及食米七十餘石，屠宗師即批準補貢，余竊疑之。後果為署印楊公所駁，直至丁卯年，殷秋溟宗師見余場中備卷歎曰：「五策卽五篇奏議也，豈可使博洽淹貫之儒，老於窗下乎？」遂依縣申文准貢，連前食米計之實九十一石五斗也。余因此益信進退有命，遲速有時，澹然無求矣。貢入燕都，留京一年，終日靜坐，不閱文字。己巳歸游南雍，未入監，先訪雲谷會禪師於棲霞山中。對坐一室，凡三晝夜不瞑目。雲谷問曰：「凡人所以不得作聖者，只爲妄念相纏耳。汝坐三日，不見起一妄念，何也？」余曰：「吾爲孔先生算定，榮辱死生，皆有定數，卽要妄想，亦無可妄想。」雲谷笑曰：「我待汝是豪傑，原來只是凡夫。」問其故，曰：「人未能無心，終爲陰陽所縛，安得無數。但惟凡人有數，極善之人，數固拘他不定；極惡之人，數亦拘他不定。汝二十年來，被他算定，不曾轉動一毫，豈非是凡夫？」余問曰：「然則數可逃乎？」曰：「命由我作，福自己求，詩書所稱的爲明訓。我教典中說，求富貴得富貴，求男女得男女，求長壽得長壽。夫妄語乃釋迦大戒，諸佛菩薩，豈誑語欺人？」余進曰：「孟子言，求則得之，是求在我者也。道德仁義，可以力求，功名富貴，如何求得？」雲谷曰：「孟子之言不錯，汝自錯解了。汝不見六祖說：「一切福田，不離方寸；從心而覓，感無不通。」求在我，不獨得道德仁義，亦得功名富貴。內外雙得，是求有益於得也。若不返躬內省，而徒向外馳求，則求之有道，而得之有命矣。內外雙失，故無益。」因問，「孔公算汝終身若何？」余以實告。雲谷曰：「汝自揣應得科第否？應生子否？」余退省良久曰：「不應也。科第中人類有福相，余福薄，又不能積功累行，以基厚福。兼不耐煩劇，不能容人。時或以才智蓋人，直心直行，輕言妄談。凡此皆薄福之相也，豈宜科第哉？地之穢者多生物，水之清者常無魚。余好潔，宜無子者一。和氣能育茲物，余善怒，宜無子者二。愛爲生生之本，忍爲不育之根，余矜惜名節，常不能舍己救人，宜無子者三。多言耗氣，宜無子者四。喜飲鑠精，宜無子者五。好徹夜長坐，而不知葆元毓神，宜無子者六。其餘過惡尚多，不能悉數。」雲谷曰：「豈惟科第哉？世間享千金之產者，定是千金人物。享百金之產者，定是百金人物。應餓死者，定是餓死人物。天不過因材而施，幾曾加纖毫意思？即如生子，有百世之德者，定有百世子孫保之。有十世之德者，定有十世子孫保之。有三世二世之德者，定有三世二世子孫保之。其斬焉無後者，德至薄也。汝今既知非，將向來不發科第，及不生子之相，盡情改刷；務要積德，務要包荒，務要和愛，務要惜精神。從前種種，譬如昨日死，從後種種，譬如今日生，此義理再生之身也。夫血肉之身，尚然有數；義理之身，豈不能格天？太甲曰：「天作孽，猶可違，自作孽，不可活。」詩云：『永言配命，自求多福。』

孔先生算汝不登科第，不生子者，此天作之孽也，猶可得而違也。汝今擴充德性，力行善事。多積陰德，此自己所作之福也，安得而不受享乎？易為君子謀，趨吉避凶，若言天命有常，吉何可趨？凶何可避？開章第一義，便說「積善之家，必有餘慶。」汝信得及否？」余信其言，拜而受教，因將往日之罪，佛前盡情發露，為疏一通，先求登科，誓行善事三千件，以報天地祖宗之德。雲谷出功過格示余，令所行之事，逐日登記，善則記數，惡則退除。且教持準提咒，以期必驗。語余曰：「符籙家有云，不會書符，被鬼神笑。此有祕傳，只是不動念也。執筆書符，先把萬緣放下，一塵不起，從此念頭不動處，下一點，謂之混沌開基。由此而一筆揮成，更無思慮，此符便靈。凡祈天立命，都要從無思無慮處感格。孟子論立命之學，而曰夭壽不貳。夫夭與壽，至貳者也。當其不動念時，孰為夭？孰為壽？細分之；豐歉不貳，然後可立貧富之命；窮通不貳，然後可立貴賤之命。夭壽不貳，然後可立生死之命。人生世間，惟死生為重，曰夭壽，則一切順逆皆該之矣。至修身以俟之，乃積德祈天之事。曰修，則身有過惡，皆當治而去之；曰俟，則一毫覬覦，一毫將迎，皆當斬絕之矣。到此地位，直造先天之境，即此便是實學。汝未能無心，但能持準提咒，無記無數，不令間斷，持得純熟，於持中不持，於不持中持，到得念頭不動，則靈驗矣。余初號學海，是日改號了凡。蓋悟立命之說，而不欲落凡夫窠臼也。從此而後，終日兢兢，便覺與前不同。前日只是悠悠放任，到此自有戰兢惕厲景象。在暗室屋漏中，常恐得罪天地鬼神。遇人憎我毀我，自能恬然容受。到明年，禮部考科舉，孔先生算該第三，忽考第一。其言不驗，而秋闈中式矣。然行義未純，檢身多誤，或見善而行之不勇，或救人而心常自疑，或身勉為善而口有過言，或醒時操持而後醉放逸，以過折功，日常虛度。自己巳歲發願，直至己卯歲，歷十餘年，而三千善行始完。時方從李漸菴入關，未及回向。庚辰南還，始請性空慧空諸上人，就東塔禪堂回向。遂起求子願，亦許行三千善事。辛巳生男天啓。余行一事，隨以筆記。汝母不能書，每行一事，輒用鵝毛管印一硃圈於日歷之上。或施食貧人，或買放生命，一日有多至十餘圈者。至癸未八月，三千之數已滿。復請性空輩，就家庭回向。九月十三日，復起求中進士願，許行善事一萬條。丙戌登第，授寶坻知縣。余置空格一册，名曰治心篇。晨起坐堂，家人攜付門役，置案上，所行善惡，纖悉必記。夜則設桌於庭，效趙閱道焚香告帝。汝母見所行不多，輒顰蹙曰：「我前在家，相助為善，故三千之數得完。今許一萬，衙中無事可行，何時得圓滿乎？」夜間偶夢見一神人，余言善事難完之故。神曰：「只減糧一節，萬行俱完矣。」蓋寶坻之田，每畝二分三釐七毫，余與區處，減至一分四釐六毫，委有此事，心頗驚疑。適幻余禪師自五臺來，余以夢告之。且問：「此事宜信否？」師曰：「善心眞切，卽一行可當萬善，況合縣減糧，萬民受福乎？」吾卽捐俸銀，請其就五臺山齋僧一萬而囘向之。孔公算予五十三歲有厄，余未嘗祈壽，是歲竟無恙，今六十九矣。書曰：「天難諶，命靡常。」又云：「惟命不於常。」皆非誑語。吾於是而知凡稱禍福自己求之者，乃聖賢之言。若謂災福惟天所命，則世俗之論矣。汝之命未知若何，卽命當榮顯，常作落寞想。卽時當順利，常作拂逆想。卽眼前是食，常作貧窶想。卽人相愛敬，常作恐懼想。卽家世望重，常作卑下想。卽學問頗優，常作淺陋想。遠思揚祖宗之德，近思蓋父母之愆，上思報國之恩，下思造家之福，外思濟人之急，內思閑己之邪。務要日日知非，日日改過。一日不知非，卽一日安於自是。一日無過可改，卽一日無步可進。天下聰明俊秀不少，所以德不加修，業不加廣者，只爲因循二字，躭閣一生。雲谷禪師所授立命之說，乃至精至邃至眞至正之理，其熟玩而勉行之，毋自曠也！

袁了凡先生寄子之函，傳誦一時者，尚有（一）改過之法，（二）積善之方，（三）

謙德之效等三通。後人彙刊而流通之，稱曰：「了凡四訓」。卒時年七十四，較孔先生所算，多二十一年。天啓年間，贈尙寶司少卿。其所求之子後亦成進士，終於高要知縣。

第三節　萬育吾之立命說

命學中有三命通會一書，集命學之大成，爲研究命學者所必讀之書。其著者卽萬育吾先生也。萬先生亦爲主張命運改造論者，故凶者可吉，吉者可凶。其著三命通會，於論定格以後，有十干十二年生大貴人例一章，茲轉錄如下：

六甲年丁卯月乙未日戊寅時　六乙年己卯月甲戌日乙亥時

六丙年庚寅月丁巳日丙午時　六丁年丙午月壬辰日丁未時

六戊年壬戌月己丑日戊寅時　六己年辛未月己未日丙寅時

六庚年甲申月庚申日辛巳時　六辛年丙申月庚午日辛巳時

六壬年辛亥月壬辰日丁未時　六癸年丙辰月丙辰日戊子時

以上逐年，只有一日一時，主有大貴人應世，建功立業命。不然，出塵神仙，常術不能曉也。大貴人莫過帝王，考歷代創業之君及明朝諸帝，無一合者。余嘗謂天下之大兆民之衆，如此年月日時生者，豈無其人？然未必皆大貴人耍之，天生大貴人，必有冥數氣運以主之。年月日時，多不足憑。余紀縉紳與凡民命同者，不能悉數。姑就縉紳論，如黃懋官侍郎，與申价副使命同。黃死於兵禍，申死牖下。申先黃死，官之大小，又不倫也。朱衡與李廷龍福命，朱發科壬辰，李發科癸丑。朱官至尙書，李止大參，壽又不永。其子孫之多寡賢否，又不論也。萬寀與饒才命同，萬舉進士，官至卿貳，饒止舉人，官至太守。然多子而萬則少。又萬以譎戍死，而饒則否。其壽夭得喪又難論也。三河王且齋兄弟同產，而功名先後亦不同。況天下之大，九州之廣，兆民之衆，其八字同者何限？又烏可以例論。（中略）太學二士人命同，又同發解，過省約就相近遊宦，庶彼此得知災福。後一人任鄂州教授，一人任黃州教授。未幾，黃州者死，鄂州者爲治後事，祝曰；「我與公生年月日時同，出處同，公先捨我去，使我今死，已後公七日矣。若有害，當託夢以告。」其夜果夢云：「我生於富貴，享用過當，故死。公生於寒微，未得享用，故活。」後鄂官至典郡。豈非有所警惕，享用不過之所致乎？又吾郡有顏守芳生員，與廠民若大綱命同，顏貧，袁富，顏多子，袁僅二子。顏在而喜已死。顏讀書守禮，有危疾而能自保，竟歲貢出身。袁則反是。合是數人觀之，豈所生之家不同，而各人所習之業又異，其事身慎修，克保長年，在吾人自求多福耳。若曰：我該富貴長壽，而不修德進學，驕恣不法，豈命之所以爲命耶？

第四節　命運同而成功異

命運同而成功不同，壽元不同者，由於自求，觀於上說，已可見矣。然則明達之士，自宜聞吉愈進於善，聞凶則修德以禳之。若恃吉而驕，則未有不敗者。

遭際不同之故，除自求外，尚有數因：（一）志趣不同。志趣因環境而異，故其成功亦遂有大小之異。（二）地點不同。如生於上海者，可發千萬之財；若在窮鄉僻壤，則千金之產，已屬罕見矣。（三）助緣不同。如甲慷慨好交，而乙吝嗇刻薄，則甲多助而乙寡助。或甲生縉紳之家，多提携之人；乙生鄉間，無知故爲援，是也。

故人能修德，勵志勤業，則至凶之命，可以爲吉。若敗德，喪志，荒嬉，則至吉之命，亦必爲凶。

第五章　重要詩賦彙覽

命理中，如四言獨步，喜忌篇等，其製作甚古，不啻命學之經義，故附錄數種於此，以資參考。

第一節　四言獨步

先天何處　後天何處　要知來處　便知去處　四柱排定　三才次分　年根爲本
配合元辰　神煞相絆　輕重較量　先觀月令　論格推詳　以日爲主　專論財官
分其貴賤　妙法多端　獨則易取　亂則難明　去留舒配　論格要精　日主高強
月提得令　用財爲物　表實爲正　年根爲主　月令爲中　日生百刻　時旺時空
干與支同　損財傷妻　身支年同　破蕩祖基　月令健祿　不住祖屋　一見財官
自然發福　用火愁水　用木愁金　輕重能分　禍福能眞　五行生旺　不怕休囚
東南西北　技盡方休　寅申巳亥　四生之局　用物身強　遇之發福　辰戌丑未
四土之神　人元三用　透旺爲眞　子午卯酉　四敗之局　男犯興衰　女犯孤獨
進氣退氣　命物相爭　進氣不死　退氣不生　財官臨庫　不冲不發　四柱支干
喜行相合　提綱有用　最怕刑冲　冲運則絞　冲用則凶　五奇透露　日主專強

其根有用 福祿榮昌 十干化神 有刑無刑 無中生有 福祿難憑 十惡大敗
格中大忌 若遇財官 反成富貴 格枯推詳 以煞爲重 化煞爲權 何愁損用
煞不離印 印不離煞 煞印相生 功名顯達 官煞重逢 制伏有功 如行帝旺
遇之不凶 時煞無根 煞旺取雙 時煞多根 煞旺不利 八月官星 最忌卯丁
卯丁尅破 有情無情 印綬根輕 旺中顯達 印綬根深 旺中不發 印綬比肩
喜行財鄉 卽無比肩 忌見財傷 先財後印 反成其福 先印後財 反成其辱
財官印綬 大忌比肩 傷官七煞 反助爲權 傷官用財 死官有子 傷官無財
子宮有死 時上偏財 怕逢兄弟 用印逢財 比肩不忌 傷官見官 格中大忌
不相用神 何愁官至 拱祿拱貴 塡實則凶 提深有用 論之不同 月令財官
遇之發福 祿位高強 比肩奪福 日祿歸時 青雲得路 庚日申時 透財得祿
壬騎龍背 見戌無情 寅多則富 辰多則榮 天元一氣 地物相同 人命逢此
位列三公 八字連珠 支神有用 造化逢之 名利必重 日德金神 日逢土旺
雖有輕名 祖業漂蕩 金神帶煞 身旺爲奇 更行火地 名利當時 甲日金神

偏宜火制 乙日金神 何勞火制 六甲生春 時犯金神 水鄉不發 二重名眞
甲乙丑月 時帶金神 月干見煞 雙目不明 甲寅重寅 土己刑煞 癸身不損
遇之難發 六甲寅月 透財時節 西北行程 九流立業 乙日卯月 金神剛照
寅貴比肩 旺橫死絕 天干二丙 地支全寅 更行生印 死見禍臨 火旺二寅
月令水金 火鄉有救 見土刑身 巳日用戊 火神無氣 多水多金 眼昏目閉
年干會火 日時會金 巳干用印 官徹名清 秋金生干 二庚火內 到丑傷情
逢離順境 庚金生子 辛金生未 透煞留停 冬生最貴 辛金月辰 庚金丑庫
逆數淸孤 順行豪富 辛逢卯日 年月見酉 時帶朝陽 爲僧行醜 辛金亥日
月逢臨戌 水運初行 須防目疾 辛金坐酉 財官用印 順行西方 名利必根
辛金坐己 官印遇祿 順行南去 貴顯榮福 酉金逢離 透土何慮 無土傷身
壽元不住 月生四辛 日生庚辛 何愁主弱 旺地成名 辛金逢火 見土成刑
陽金遇火 透土成名 壬生午位 祿馬同鄉 重重遇火 格局高強 壬癸多金
生於酉申 土旺則貴 水旺則貧 癸用巳官 財官拘印 運至南方 名利必興

癸日巳亥　煞財透露　地合傷官　有勞無富　癸日申提　卯寅歲時　年煞月劫　林下孤栖　癸日士巳　陰煞重逢　無官相混　名利必通　傷官之格　女人最忌　帶印帶財　反爲富貴　煞多無制　女人必貴　官星犯重　濁濫法類　官星桃花　福祿堪誇　煞星桃花　朝劫暮色　庚日申時　桂中金局　支無會合　傷官劫妻　癸日寅提　壬時亥月　莫犯提綱　禍福維權　甲白乾提　見煞喜比　金水栽根　忌行卯未　戊巳丑月　比肩透出　宜金入局　忌逢午未　壬癸坎宮　支逢午戊　干頭比肩　東好爲吉　甲乙雷宮　卯多須天　逆順運好　子甲發德　庚辛巳月　金生火旺　比劫栽根　西好成象　丙丁酉月　比肩不忌　火入離宮　比肩一例　曲直丑月　帶印多金　壬癸丑月　士厚多金　食神生旺　勝似財官　濁之則賤　淸之則垣　此法玄玄　識得神仙　學者賓擾　千金莫傳　（以下論身弱）　陽木無根　生於五月　水多轉貴　金多則折　乙木無根　生臨丑月　金多轉貴　火土則刑　丙火無根　子申全見　無制無生　此身貧賤　六甲坐申　三重見子　運至北方　須防橫死　丙臨甲位　陽水大忌　有制身強　旺成名利　己入亥月　怕逢

陰木　月逢印生　自然成福　巳日逢煞　印旺財伏　運轉東南　貴高財足　壬寅壬戌　陽土透出　不混官星　多祟顯祿　陰水無根　火鄉有貴　陽水無根　大鄉卯畏　丁酉陰柔　不怕多水　比肩透露　格中反忌　戊寅日主　何愁煞旺　露火成名　水來漂漂　庚午日主　支火災災　見土取貴　見水爲嫌　辛金身弱　卯提入格　癸酉主拔　見財成福　癸巳無根　火土見重　透財名彰　露根則賤　（以下論棄命從煞）　甲乙無根　怕逢申酉　煞合逢之　雙月必妨　乙木無根　生於丑月　水多轉貴　金土則折　乙生酉月　見水爲奇　有根丑絕　無則寅危　乙木坐酉　庚丁透露　二庫歸根　孤神得失　丙火申提　無根從煞　有根南旺　脫根壽促　陽火無根　水鄉必忌　陰火無根　水火有救　陰火酉月　棄命就財　北方入格　南則爲災　戊巳亥月　身弱爲棄　卯月同推　嫌根劫比　庚金無根　寅宮大局　南地有貴　須防壽復　辛巳陰柔　休囚官煞　運限如金　聰明顯達　壬日戌提　癸子未月　運喜東方　逢沖則絕　棄命從財　須要僉敗　棄命從殺　須要會殺　從財忌殺　從殺喜財　命逢根氣　命損無猜

第二節　崖泉男命賦

凡觀男命，先觀日主之盛衰，次察財官之強弱。日主旺，財官得地，一生福祿優游。日干衰，財官敗絕，一世貧窮到老。日主旺而財官衰，遇財官發福。財官旺而月主弱，運行身旺馳名。財旺官柔，不可以官柔而言不貴。官旺財絕，縱貴也不顯榮。財星入庫也逢沖破，富有千倉。官旺正氣遇刑沖，貴而不久。官若有沖還有合，頭角崢嶸。庫逢沖破再逢沖，家資漸退。四柱純財身更旺，不貴即當大富。財官入墓，非損子即損妻。財官若臨敗絕，寡獨貧寒蹇滯。財官俱值於空亡，中途子喪妻傷。財星秉令支中，早配豪門淑女。官星得祿日時，定生折桂賢郎。月令財居絕地，妻無內助之賢。時上官星無氣，有子不能跨灶。傷官羊刃日時，莊子喪明之嘆。丙辛遯入酉時，他日何人掃墓。財星帶合月干衰，外春風而內懷奸詐。傷木金多無火制，性剛暴而凶惡之徒。印旺財輕身更弱，錦心綉口之人。財多印輕身又弱，有學寒酸之輩。身弱財多，偏聽內語。官少身弱，一子傳芳。財官俱散，壯少難行，生地相逢，壯年不祿。學海奔波，非縣佐也只是儒官。財多殺旺，家富榮幹之人。印破財傷，不遂青雲之志。印旺一旦財鄉，自然家肥屋潤。印輕倘行財運，俄然夢入南柯。印綬重重財破劫，嚴慈重拜北堂。印綬若行身旺運，到底尋常。陽剛陰柔，兄強弟弱。陰盛陽衰，弟必強兄。羊刃劫財疊疊，花燭重輝之兆，柱中殺印相生，身旺功名顯達。印旺殺輕，馳身定享利名。殺旺印輕，出仕定居武將。帶殺魁罡逢冲戰，性高強而生殺之權。羊刃七殺交加，守邊城軍民受惠。七殺有制化為權，定產麒麟之子。食多殺少身柔，子少而性無發越。傷官入墓，要分陰陽。陽傷食入墓地老天荒。陰傷官入墓，有病何妨。傷官若見四柱，有子難繼書香。大運倘得入財鄉，麒角麟毛可賞。金水傷官得令，五經魁首文章。火土水木傷官，恃己凌人傲物。火明木秀日主強，定作狀元郎。傷官身旺若逢財，身到鳳凰臺。傷官身弱見傷官，平地起風波。傷官運若見刑冲，一夢入幽冥。羊刃殺敵殺，黃金榜上定標名。傷官有情來合殺，金榜標名定是真。夫年論妻災何處，看財星受剋淺深。子命推母源深，看印星受傷輕重。癸用庚金為印星，乙庚暗合定然母氏心邪。庚用乙木作財星，重見庚辛必主室人內亂。戊用癸妻坐亥酉，妻主好色而好酒。己用甲官子午時，縱然有子損而危。倒冲格井欄叉，有財位居臺閣。甲趨乾，壬趨艮，身旺乃朝廷之相。拱祿貴夾邱鄉無塡實，為廊廟之人。金木交身更弱為技藝，而惹是招非。水遞互帶魁罡，犯刑各而多遭囹圄。羊刃傷官逢冲破，性兇惡而與人少合。水多木少，又身柔，性飄蓬而五湖四海。羣揚妬合一陰，如楚漢爭鋒之象。諸陰爭合一陽，不過蛙鳴蟬噪。逢冲則凶，有合反吉。有合則吉，妬合反凶。甲乙生逢寅卯辰爲仁壽格，見坎地多者登榮。丙丁局全寅午戌，位重權高，逢水鄉坎離交媾。戊己局全四季，榮冠諸曹。壬日全逢申子辰，從潤下，見財地榮登士路。辛日子時畏離位，喜見四方，弱而有救。壬癸申生亥子，運行火土鄉，名蓋當朝。甲日亥月，見離壽促。乙日卯提，官鄉發祿。卯字提綱到乾宮，歸寄兩途。丙子寅月逢坤兌，火不西行。丁日酉提到艮方，明無不滅。壬水亥月到震方，子旺母衰。陰水運到申山，土重露珠乾燥。陰水運到巽方木，被巽風吹折。到離位，烟滅灰飛。陽土陽金陽火逢坎地，總入幽冥。陰木陰金陰水。到離巽居，安不慮危。壬癸耗在北方，無土制定捐溝澗。戊日提寅，見申酉，十死一生。己日酉月到寅宮，少全安逸；辛逢巽地，少樂多憂。

第三節　講命捷徑賦

詳觀三命，細究五行。格局乃八字之樞機，日干爲一生之主宰。淸濁辨乎貴賤，運限決於榮華。莫言身弱而爲造化之衰，勿以殺多而斷壽年之夭。要在隨時變通，須知入眼分明。陰爲柔物，身遇刑剋亦無妨，陽主剛權，原弱逢殺官而兩破。壬癸生巳午月，逆運當主榮華。

丙丁值孟冬時，順行早當發達。壬水喜財官，惟八月逢財則破。戊己入北方之運，一生作事無成。庚金無火，非夭則貧。身旺無財，縱壽則否。建刃若行財官運，爲人必白手成家。庚金若行己午方，定是終年損壽。月逢羊刃運神，喜殺以嫌財。時透天干，歲月怕官而喜制。殺輕制重，爲人到底迍邅。殺重制輕，身旺終須發達。時帶傷官，男名決損子。柱中印綬，女命決定無兒。印綬與傷官，爲人奸吝。偏則兼作事虛花。正財隱於地支，良賈深藏之士。官印透於時月，浮㵘淺露之人。金白水清，聰明特達。土多火少，晦性昏朦。月逢墓庫，官殺混雜亦無傷。格用財神，比刼重逢於不利。干支同而傷官重，害子刑妻。財星旺而日主強，興家創業。二月丁火有殺，榮貴非常。子提干水，無財飄蕩。土怕寒而喜暖。水嫌印而宜財。身強殺淺，不宜有制。印多身旺，最喜逢財。大抵日主是人之根基，財官爲人之祿馬。財官旺而身衰，多主富貴。財官輕而日大旺，亦見貧寒。印綬多而宜見殺，傷官重而不忌官。一位食神，富貴賢良之女。滿盤金水，淫邪智慧之人。官殺混而財星多，夫多重疊。印綬多而日主旺，子息難成。甲乙木生丑月。必主先亨。壬癸水值孟秋，終當富貴。四柱中有辰龍，方爲得化。三元內無比刼，可作得從。七殺者必然富貴，從財者定主富豪。棄命無從，決然壽夭。

第四節　喜忌篇

四柱排定，三才次分，專以日上天元配命合干支。八字支干，有見不見之形無時不有。

凡看命先看四柱年月日時，次分天地人三才。干為天元，支作地元，以支中所藏者為人元。年為根，月為提綱，日為命主，時為分野。故以日上天元配合，以取官貴財印。「八字干支有見不見之形」，者造化生旺，制尅衰絕，只是支中所藏之造化也。「無時不有」者，四季中墓絕中餘氣也。

神殺相絆，輕重較量。

神者官星，殺者七殺，若官殺混雜，看節氣深淺，或去殺留官，或去官留殺。

若乃時逢七殺，見之未必為凶。月制干強，七殺反為權印。此論時上一位貴格，只用一位，方可為貴，別位不要再見。若年月上再見之，反為辛苦艱難之命。要日干生旺，不畏刑傷羊刃。為人性重剛執不屈。參見第二編七殺節。

財官印綬全備，藏於四季之中。

此論雜氣財官印綬格，四季者辰戌丑未也。乃天地不正之氣，為雜氣也。

官星財氣長生，鎮居於寅申己亥。

財官生旺於四孟寅申己亥，乃五行長生之地。

庚申時逢戊日名食神干旺之方。歲月犯甲丙寅卯，此乃遇而不遇。

此乃專旺食神格。戊以庚爲食神。其中有庚金建祿，戊土用水爲財，申中有水長生，乃財旺也。或用乙爲官，是庚能合卯中乙木爲戊土官貴氣。若四柱透出甲丙卯寅一字，則壞了申中庚之貴氣，此乃遇而不遇也。

月生日干無天財，乃印綬之名。

此乃論印綬格十干生我者是也。爲父母，爲生氣，又能護我之官星，故印綬無傷官之患矣。必要生旺，忌死絕。若四柱中官星見尤好。忌見財運。若行官運則發，若行財旺鄉，貪財壞印，其禍百端。行死絕運必死。

日祿居時沒官星，號青雲得路。

比論歸祿格要四柱中無一點官星方爲此格，號爲青雲得路。最喜日干生旺，兼行食神傷官之鄉，可發福。但歸祿有六忌，一則沖刑，二則作合，三則倒食，四則官星，五則日月天元同，六則歲月天元同。犯此六者，不可一例以爲貴矣。

陽水疊逢辰位，是壬騎龍背之鄉。

如壬辰日生遇辰字多者貴。寅字多者富。蓋壬以己土爲官星，丁火爲財星，辰多並沖戌中之官庫，所以貴也。寅字多，能合午之財，所以貴也。

陰木獨遇子時，爲六乙鼠貴之地。

此格大怕午字冲，丙子時「子」字最妙，謂之聚貴也。或四柱中有庚字，申字，辛字，酉字，丑字，則內有庚辛金，則減分數。歲君大運亦然。如月內有官星，則不用此格。若四柱中原無官星，方用此格。

庚日全逢潤下，忌壬癸己午之方，時遇子申，其福減半。此論井欄叉格。此是庚申庚辰庚子三庚水局爲貴，何也？蓋庚用丁爲官，而子冲午。庚用木爲財，而申冲寅。戌中戊土爲庚之印，而辰冲之。又辰戌爲財印，故以申子辰三合，來冲寅午戌爲財官印綬。四柱中須用申子辰全爲貴。不止庚金得三庚全者尤奇。或戊子丙辰亦不妨。喜行東方財地。北方傷官，南方火地不爲貴；此乃壬癸己午之方也。

華夏哲理闡微社版

若逢傷官月建，如凶處未必爲凶。

此論傷官格。傷官之法務要傷盡而不爲禍。四柱若元有官星，傷之尤盡。元無官星，傷之則輕。若三合會起傷官之殺，及運行傷官之地，其禍不可言矣。故傷官見官，其禍百端。若當生年干有傷官七殺，爲禍最重，謂之福基受傷，終身不可除去。若年月時上見傷官之地，可發福矣。若女人命有傷官者，不娼則淫，非奴婢則師尼，何故？傷官傷夫，四柱中若財來合去，非良婦也。

內有正倒祿飛，忌官星亦嫌羈絆。

內有正倒祿飛者，乃丁日得己字多，巳冲出亥中壬水爲官星，乃正飛天祿馬格也。若辛日得亥字多，亥冲出己中丙火爲官星，乃是倒飛天祿馬格也。其中若壬癸辰巳，皆是官星羈絆，見則減方數；歲運亦同。

六癸日時逢寅位，歲月怕戊己二方。

此論刑合格。以六癸日爲主，用戊土爲正氣官星，喜逢申寅時。用刑巳中戊土爲癸日官星。惟甲寅時是行運與飛天祿馬同，怕四柱中有戊字己字，又怕庚寅傷甲。亦忌申字。

甲子日再遇子時，畏庚辛申酉丑午。

此論子遙巳格。甲用辛官。辛祿在酉，二子爲甲木之印綬，遙合巳中之丙火，合動酉中之辛爲甲之官星。喜壬癸亥子月，忌庚申辛酉乃金來傷甲木。午來冲子，子丑羈絆，則不能去遙合矣。

辛亥日多逢丑地，不喜官星。歲時逢子巳二宮，虛利虛名。

此論丑遙巳格。只辛丑癸丑二日可用。但要四柱中無一點官星，方用此格。蓋辛用丙官，癸用戊官。丙戊祿在巳，惟丑能破巳，丙戊之祿出矣。若見塡實巳或子字，則羈絆不能遙矣。若中酉，得一字爲妙。

拱祿拱貴，塡實則凶。

此論拱祿拱貴二格者，乃兩位虛拱貴祿之地，四柱不可占了得祿之宮，塡實則不容物，不爲官星昌盛也。其祿貴者比之盛物之器皿，若空則容物，乃貴祿榮顯。經云官崇祿顯，定知夾祿之鄉。又忌傷了日時，皆拱不住矣。假如丁巳丙午甲寅甲子，此是王郎中之命，此二甲子寅夾丑中之貴氣，丑中癸水餘氣，辛金庫墓，己土丑旺，乃甲木之財官印，豈不爲貴？後運行辛丑，除通判。

時上偏財別宮忌見。

此論時上偏財格，又名時馬格，與時上偏官同，用時上天元，及支內人元，只要時上一位有之，始爲貴。若別位有之，難作偏財論。要身旺，不欲剋破，要財旺即發矣。

六辛日逢戊子，嫌午位，運喜西方。

此論六陰陽朝格，辛金至亥，爲六陰之地，而得子時，六陰盡處一陽生，故云六陰朝陽之格。乃謂近陰遠陽，辛用丙官，癸爲壽星，只要子字一位，不宜多見。喜戊土，戊來合癸動巳中暗丙爲辛之官，四柱中忌見午冲破了子祿。西方乃金旺之地，故喜也。東方財氣之鄉次之，不要行南方火鄉，北方水鄉。

五行遇月支偏官，歲時中亦宜制伏，類有去官留殺，亦有去殺留官。四柱純殺有制，定居一品之尊。略見一位正官，官殺混雜反賤。

此論偏官即七殺，若四柱中全無一點官星，用七殺爲偏官；若有正官，則此爲七殺之鬼，乃爭奪之人也。故謂見不見之形。喜生旺怕冲，喜羊刃，只要制伏，不要四柱見正官。

若官殺混雜，不爲清福。

戊日午月，勿作刃看，時歲火多，却爲印綬。

此論羊刃者，非犬羊之羊，乃是陰陽之陽。此祿前一位是。惟陽位有刃，陰位無矣。如丙戊祿在巳，午爲羊刃也。戊日得午月，午上不爲刃，不爲刃者。何也？乃陰火生陽土，正謂月生日干。歲時干又見火，乃是印綬格矣。

月令雖逢建祿，切忌會殺爲凶。

大凡命中以財官爲貴，若四柱中有以作合，以貪合忘官，又兼會起七殺，反爲凶兆。

官星七殺交差，則以合殺爲貴。

官星乃貴氣之神，純而不雜，乃爲清福。雜而不純，便壞造化，有支中合出七殺爲吉兆。經云：「合官星不爲貴，合七殺不爲凶」是也。

柱中官星太旺，天元羸弱之名。

官星太旺，則日主衰弱，故云。

日干旺甚無依，若不爲僧即道。

謂日主旺而財官死絕也。

印綬生月，歲時忌見財星。運入財鄉，却宜退身避位。

此論月生日干。乃印綬之名。喜官星，畏財氣。若歲時見財，則爲壞印。若行財運宜退身避位。

刼財羊刃，切忌時逢。歲運併臨，災殃立至。

刼刃惟陽日干有之，甲以卯爲羊刃，卯中有乙爲刦財。故甲日卯時生者，爲刼刃。若歲月再臨，必有災殃。

十干背祿，歲時喜見財星，運至比肩，號曰背祿逐馬。

五行正貴忌刑冲破害之宮。

月上官星，謂之正貴。要年時上有財氣。

四柱干支，喜三合六合之地。

日干無氣，時逢羊刃，不爲凶。

官殺兩停，喜者存之，憎者棄之。
天干地支合多亦云貪合忘官。
如甲日見辛酉爲官，若地支見辰，天干見丙，則爲合多貪多忘官。
四柱殺旺，運絕身旺，爲官清貴。
柱中七殺旺，若運行死絕之地，而身乘旺者，則爲官清貴。如甲日以庚爲殺若柱中殺多見庚申字，則身必休囚，行此方運，則殺死絕而日之健旺故云。
又見天元太弱，內有弱而復生。
柱中七殺全彰，身旺極貧無救。
傷官乃祿之七殺，敗財乃馬之七殺，偏官乃身之七殺，四柱有之，身旺建祿，不爲富矣。
無殺女人之命，一貴可作良人。
滔男命與女命不同。女命只取官星爲夫，不取三合，六合，不要敗馬生旺暴敗，不取支干剛強羊刃，不要比肩。全靠夫主，夫富貴，妻也富貴，夫貧賤，妻也貧賤。只要安靜清貴，旺子旺夫爲妙。

貴衆合多，定是尼師娼婢。

　貴者官殺也。官者正夫，殺者偏夫。若合多有情，必非良婦。

偏官時遇，制伏太過，乃是貧儒。

　偏官命主人性聰明，剛強傲物。若四柱中制伏多，乃盡法無民也。雖有文章秀氣，終身貧窮。

四柱傷官，運入官鄉必破。

　此論傷官。四柱傷官多，則官被傷盡，不宜更見官星，故云。五行絕處，即是胎元，生日逢之，名曰受氣。

　古詩曰：「五行絕處是胎元，生日逢之富貴全，更若文元來佑助，定榮冠冕早乘軒。」

是以陰陽罕測，不可一理而推，務要神分貴賤，略敷古聖之遺縱，約以今賢之博覽。若遵此法參詳，論命無差無忒。

[illegible]現定價再加三成發售

鴻福齊天

中華民國卅年二月初版
全書壹冊
實價貳元
編纂　不空居士　覺先居士
出版發行　華夏哲理闡微社
總經售　百新書店
總發行所　上海四馬路中
分發行所　上海棋盤街中
香港支店　皇后大道中
分經售　國內外各大書局

覺先居士批命潤例

覺先居士精於命理窮鑽於此者幾數十寒暑然平時不輕為人批命偶值茶餘酒後與二三友好隨意談吉輒多奇中國之轉禍為福化凶為吉者殆難枚數友好中以值此國際時局一日數變之際前途之吉凶禍福尤為人人所亟欲知因亟懇居士出其所學為人一決休咎指示迷途居士初堅拒不允後以朋好勸請者衆不得已而勉允但訂定僅以函問者為限并委託本書店為收件處上海七日取件香港一月取件茲經朋好為其訂定潤例如下

一　簡批流年鴻運港幣壹元
二　細批流年鴻運港幣式元
三　簡批妻財子祿港幣叁元
四　細批妻財子祿港幣伍元
五　簡批終身港幣拾元
六　細批終身港幣叁拾元

百新書店謹啟